LOVE♥エネルギー論

吉良久美子

廣済堂出版

はじめに

「おいしいね」っていいながら彼と食事をしたり、2人でリラックスしてテレビを見たり、花火大会に行って楽しい時間を過ごしたり……、そんな普通の幸せがほしいだけなのに、叶わない。

ただただ幸せになりたいだけなのに、ただただ一緒に笑い合いたいだけなのに、ただただ愛し愛されたいだけなのに、なぜかすれ違いが起きてしまい、最後は心が引きちぎられそうになりながらお別れをする……。

この本は、そんな苦しみと苦悩を繰り返していた私の、幸せな恋愛を叶えたい！という未来への渇望から生まれた1冊です。

私は今、宇宙の法則から導き出した「エネルギー論」という、望む未来を創り出すためのエネルギーの使い方を、本やオンラインサロンを通してお伝えしています。

自分を実験台にして「エネルギー論」を確立すると、お金も時間も働き方も、どんどん望むものに変わっていきました。でも、なぜかパートナーシップだけがうまくいかないのです。

そもそも私自身は、かなりのこじらせ女子。幸せな恋愛、結婚がわからずに生きていました。

過去を振り返ると、「遊びたいから来て！」と彼氏を呼び出しておきながら、来たら来たで「もういい！」といって帰ってしまったり、ちょっと思い通りにならないことがあると「別れる!!」を連発したり、彼氏に負けたくなくて張り合ったり……。

私は2回の結婚、離婚を繰り返しましたが、相手がどれくらい自分を受け入れてくれるのかを試すような言動で駆け引きをしたり、自分のことをわかってくれないと、いいたい放題で相手を責め続けたり暴れ散らかしたりしていました。

そんなかわいくない私に、相手は振り回されて疲れてしまい、いつもお別れになってしまうのです。

なぜ私は望むパートナーシップを築けないのだろうか？　そもそもパートナーシッ

プにおけるエネルギーの循環とはなんだろう？　そう考え続けて、自分自身で実験、検証をしながら探究に探究を重ねていった結果、やっとたどりついたのが「ＬＯＶＥエネルギー論」。私が私のまま愛されて、望む世界が目の前に現れるエネルギーの法則です。

その後、パートナーシップの悩みを抱えていた１００名以上のクライアントさんにも「ＬＯＶＥエネルギー論」をお伝えし、試していただきました。その結果、多くのクライアントさんがパートナーシップの問題を改善し、幸せをつかんでいったのです。

そうしたことから、恋愛や結婚生活で悩む多くの女性たちに幸せなパートナーシップを体験してほしいと考え、「ＬＯＶＥエネルギー論」の使い手になるための「メロメロアカデミー」を立ち上げることに。

メロメロアカデミーを受講された方は、現在約４００人にのぼりますが、受講生さんたちがどんどん幸せになる姿を見て、本当にこの世界はエネルギーがすべてなのだ、と確信を深めています。

ちなみに、幸せな恋愛というと、長続きすることを求めている人もいるかもしれませんが、「ＬＯＶＥエネルギー論」は１人の人と長く続けるためのものではありません。

自分の人生に対して、最良の相手と結ばれるためのもの。

ですから今うまくいかない！　と悩んでいても「ＬＯＶＥエネルギー論」を実践することで、自分も相手も変わり、関係が改善されることもあれば、後腐れなくお別れして新しい相手と結ばれることもあります。

いずれにせよ、本来のあなたに戻る鍵を握っている「魂のパートナー」と結ばれるようになっていきます。

本書の中で詳しく説明しますが、男女の間にすれ違いが起こるのは、そもそも男性と女性では喜びのポイントが違うからです。

「男はヒーロー思考、女はプリンセス思考」と、私はお伝えしていますが、男性は自分の力で成長してヒーローになることに喜びを感じ、女性は本来の自分を取り戻してプリンセスになることに喜びを感じます。

この違いがわからないと、女性はプリンセス扱いをしてくれない男性に不満を持ち、男性はヒーローになりたいのにダメ出しする女性に不満を持つ、という負のループになってしまうのです。

本書では、このような男女のすれ違いの解消はもちろん、男女のエネルギーをスムーズに循環させて、魂のパートナーと幸せになる方法をお伝えします。

この世界は、〝エネルギー遊び〟です。喜びのエネルギーを増幅し循環させて、幸せなパートナーシップを育んでくださいね。

LOVEエネルギー論――目次

第2章

パートナーに超愛される「メロメロ理論」

第3章

男性性と女性性のエネルギーバランスを整える

第4章
こじらせ女子から卒業する「メロメロ理論」の応用編

第5章

「何者でもない私」の喜びを感じて生きる

第1章

宇宙エネルギーと恋愛の関係

宇宙エネルギーの大前提とは

「ＬＯＶＥエネルギー論」の大前提として知っておいていただきたいことは、この世界に流れているエネルギーについてです。

これは、前著『エネルギー論』でも繰り返しお伝えしていることですが、この世界のエネルギーは、幸福で豊かで至福の方向に向かって流れています。

川の流れが一定方向であるように、この世界のエネルギーも幸福で豊かで至福の世界へ向かって一定方向に流れています。

川の流れに身を任せるには、力を抜いてリラックスしなければなりません。それと同じように、**私たちの人生もリラックスしてすべてを委ねれば、勝手に幸福で豊かで至福の流れに乗ることができるのです。**

この状態が、人間にとっての自然体です。

けれど、多くの人はエネルギーの流れに抵抗して、つらい、苦しい、悲しいといった状態を選んでいます。
選んでいる、という自覚がない人がほとんどですが、「エネルギー論」から考えると、選ばなければ〝幸福で豊かで至福の流れ〟に乗るしかないのです。

ではなぜ、つらい、苦しい、悲しいといった不自然な状態を選んでいるのかというと、物質世界のこの地球では思い通りにいかないことを通して、肚《はら》の底にある自分の望みに気づくという〝遊び〟をしているからです。
「こんな私じゃ愛されない」「うまくいかない」と落ち込んでいるなら、それは、そもそもあなたは幸福で豊かで至福の流れの中にいることを思い出させるために起こっています。不快な感覚は、それを教えてくれているサインなのです。

本書でお伝えする「ＬＯＶＥエネルギー論」を実践すると、自分と調和していけるようになり、不要な抵抗が外れていきます。魂のパートナーと巡り会えるのはもちろん、幸福で豊かで至福の流れに乗っていけるようになるのです。

至福の状態は、それぞれ違う「ひとりひと宇宙」

私たちは、幸福で豊かで至福の流れの中にいるとお伝えしましたが、どういう時にそれを感じるのかは、一人ひとり違います。

それは、それぞれに自分だけの幸福のルールがあるからです。「エネルギー論」では、それを「ひとりひと宇宙」と呼んでいます。

私たちは、宇宙からこの地球に産み落とされた瞬間に、一人ひとり自分オリジナルの幸せで豊かになるルールを持って生まれてきています。

たとえば、食べるよりも料理をするのが好きな人もいれば、料理は苦手だけど食べることは好きという人もいますし、休日は運動することで幸せを感じる人もいれば、ゆっくり読書をする時間に幸せを感じる人もいるでしょう。

このように、何に幸せを感じ、何が面白くて、何が楽しいと感じるかは、自分と他人では違うもの。それぞれが自分のルールで生きることができたら、誰もが幸せになれるのです。

けれど、誰もが「ひとりひと宇宙」を持っていることを理解できないと、すれ違いが起こります。

たとえば、1日1回でも彼女の声を聞ければ満足する男性と、1時間に1回連絡がないと満足しない女性がつき合ったとしたら、どうでしょう。

彼から1日1回しか連絡がなかったら、彼女は「彼は私のこと、好きじゃないのかも」と不安になるかもしれませんね。

至福の状態はそれぞれが違うということがわからないと、恋愛はもちろん人間関係はうまくいかなくなってしまいます。

自分にとっての最適解があれば、相手にとっての最適解もあります。

「ひとりひと宇宙」を持って生まれている以上、自分と他者を比べることは意味がありません。そうわかるだけで生きやすくなっていきます。

パートナーは「ひとりひと宇宙」のズレを知らせてくれる人

私たちは、違う宇宙を持ったパートナーと深く関わり合いながら、「ひとりひと宇宙」に気づいていきます。

このあと詳しくお伝えしますが、私たちは誰もが自分の中に男性性と女性性という2つのエネルギーを持っています。「ひとりひと宇宙」では、この2つのエネルギーの関係性を整えることが大切。自分の中の男性性と女性性のエネルギーバランスが取れてはじめて「ひとりひと宇宙」が整うのです。

しかし、多くの人は男性性と女性性のバランスがズレているので、**パートナーとの間で起こるすれ違いを通して自分の男性性と女性性のズレを修正し、「ひとりひと宇宙」を整えていくことが必要なのです。**

パートナーとの間で起こるすれ違いは、すべて自分の男性性と女性性のエネルギーバランスが取れていないというサインです。

「ひとりひと宇宙」と、男性性・女性性エネルギーの関係

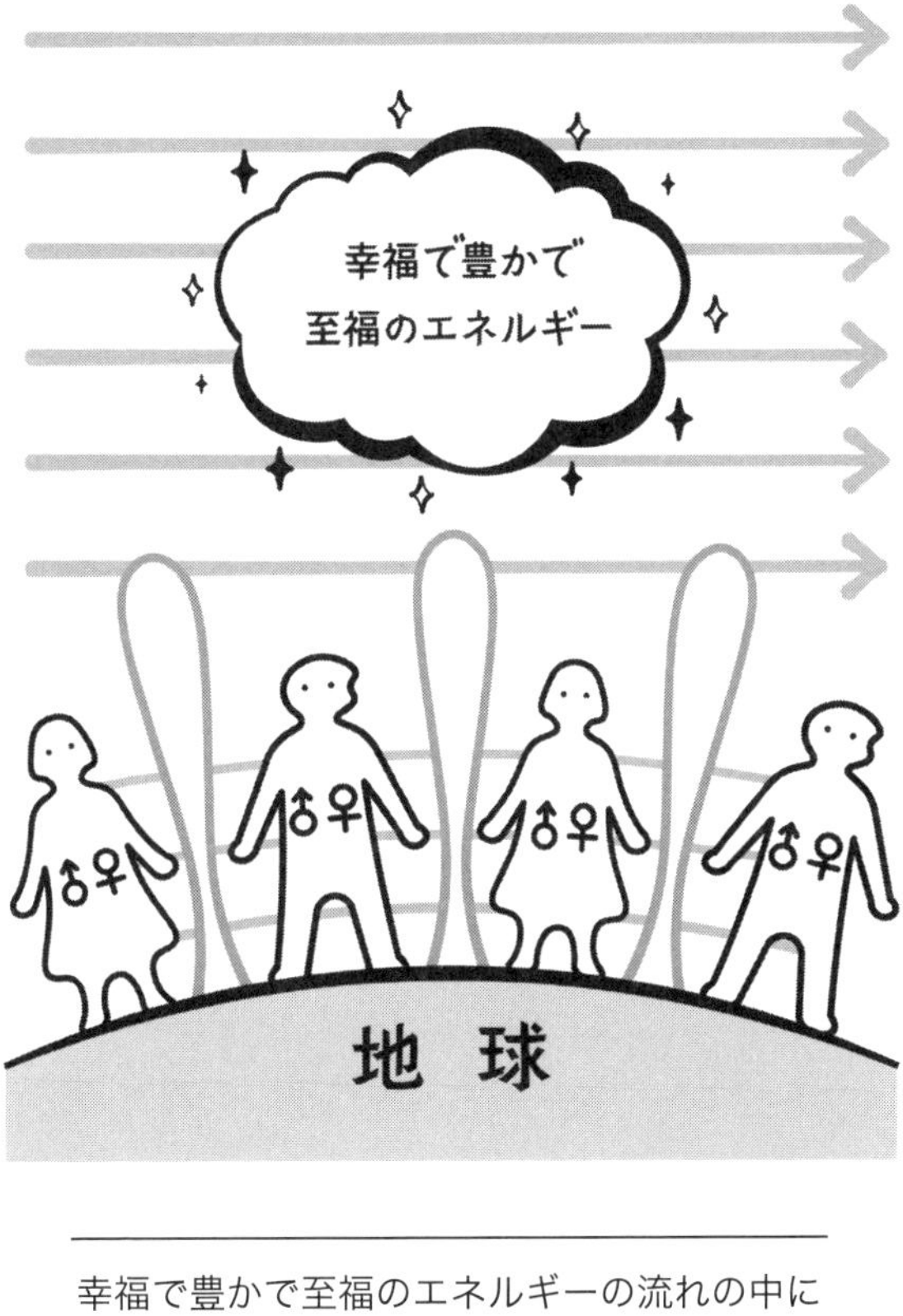

幸福で豊かで至福のエネルギーの流れの中に存在する私たちは、自分の中の男性性と女性性のエネルギーバランスを整えることで、「ひとりひと宇宙」により自分オリジナルの至福のストーリーを体験することができる。

自分が変われば相手も変わる

次にあげたもので、思い当たることはありませんか？

「無駄なことをしている時間がもったいない」
「人に頼むのが苦手」
「スケジュール帳が埋まらないと不安」
「部屋に使わないものがいっぱいある」

実は、こうした些細《ささい》な出来事も、自分の中の男性性と女性性のズレが引き起こしているものです。のちほど詳しくお伝えしますが、男性性と女性性のバランスが整っていないと、恋愛のみならず、日常生活でもさまざまな問題を引き起こします。

ここで、男性性と女性性のエネルギーについて見ていきましょう。一般的に次のようなイメージです。

男性性＝叶える力：行動力、判断力、調査力、合理性、効率的、数字、お金、時間など

女性性＝願う力：美しさ、魅力、感情、感覚、インスピレーションなど

私は、この２つのエネルギーをエンジンとガソリンでたとえています。**男性性エネルギーは現実世界を動かすエンジンであり、女性性エネルギーは自分の中からあふれる欲求で望みを叶えるガソリンのようなものです。**

エンジンが回転してもガソリンがなければ動きませんし、反対に、ガソリンがいくらあってもエンジンがなければ動かすことはできませんね。

このように、どちらも補い合ってはじめてうまく回るようになるため、男性性と女性性のエネルギーバランスが大切になるのです。

本来、男性性と女性性のバランスがいいと、女性性の欲求を叶えるために男性性が力を発揮して現実世界で形にしていけるのですが、バランスが悪いと、ガソリンが乏しくてエンジンが空回りしたり、エンジンが弱っているのにガソリンがあふれ出したりして、現実世界もうまくいかなくなるのです。

「LOVEエネルギー論」で大切なのは、自分の中の男性性と女性性の関係性。この2つのエネルギーバランスを整えることで、「ひとりひと宇宙」に戻り、良好なパートナーシップが築けるようになっていくのです。

私がこれまでお伝えしてきた2冊の著書『エネルギー論』『マネー・エネルギー論』は、自分のエネルギーを世界にどう放つか、という「自分対世界」の話でしたが、「LOVEエネルギー論」は、他人との関係性の話でありながら、実は、自分が自分とどう向き合うか、という「自分対自分」のエネルギー論なのです。

つまり、パートナーシップがうまくいく鍵は、自分とのパートナーシップ（男性性と女性性のエネルギーバランスを整える）にあるのです。

自分とのパートナーシップがこじれると、その苦しさに耐えきれず、相手に「ああしてほしい」「こうなってほしい」と相手を変えようとしますが、残念ながら相手をコントロールすればするほど、自分の男性性と女性性は離れ離れのまま。

いったん相手とのパートナーシップが落ち着いたとしても、自分の男性性と女性性のバランスが整うまで、また別の事象を起こして気づかせてくれます。

エネルギーバランスを整え、自分が自分とのパートナーシップをよくしていくことで、世界と自分の在り方が変わっていく、それが「ＬＯＶＥエネルギー論」の真髄《しんずい》です。


「ＬＯＶＥエネルギー論」は、パートナーと幸せな恋愛を育むものではありますが、私は、相手の変化は〝おまけ〟ぐらいの意識でとらえています。

自分が変われば、相手が勝手に変わります。

実際、離婚をしたいと思っていた相手とラブラブになったり、冷たかった彼が甘えさせてくれるようになったり、家事をいっさいしなかった旦那さんが喜んで家事をするようになったり……。これからお伝えする方法を実践してくれた方たちの変化には教えている私がびっくりするほど。

自分との関係性を見直し、男性性と女性性のバランスを整えていきましょう。

宇宙のマッチングは完璧！

先ほど、パートナーとは自分の男性性と女性性のズレに気づかせてくれる相手とお伝えしましたが、宇宙のマッチングは不思議なくらい凸凹がぴったりはまる相手が引き寄せられるようになっています。

たとえば、休日も返上でバリバリ働くような「男性性強め女子」には、頑張りがきかず仕事が続かなかったりする「女性性強め男子」がマッチングされます。

この２人が一緒になると、お互い相手を理解できず喧嘩が勃発しますが、本当は、女性には自分の感覚や感情といった女性性を認めさせるために、自由気ままな彼を引き寄せたといえます。また男性には社会で自分を活かしながら与える喜びを知るという男性性を目醒《めざ》めさせるために、この女性を引き寄せたといえるのです。

反対に、挑戦することが苦手な「女性性強め女子」には、仕事の鬼で亭主関白のような「男性性強め男子」がマッチングされます。

この組み合わせも、相手の気持ちがわからず不仲になりがちですが、女性には自分の男性性を認めてチャレンジする勇気を持つことを、そして男性には自分の女性性を認めて自分を許し休ませることを学ぶために、お互いを引き寄せたのです。

惹かれる相手と結ばれたということは、2人にとって今手放さなければいけない「抵抗」があるということ。宇宙は抵抗を手放すために、それを叶えるパートナーを目の前に連れてきてくれています。

こうして、パートナーを通して自分の「ひとりひと宇宙」が整うほど、相手とのパートナーシップが良好になったり、自分のエネルギー状態とマッチングした人と出会えるようになったりするのです。

ときめいて出会った人なら、全員が魂のパートナー。

あなたの中で眠っている男性性や女性性を呼び起こして、本来のあなたに戻る鍵を持っている相手なのです。

マッチング別、パートナーシップの傾向

ここで、4通りのマッチングを紹介します。魂のパートナーのほとんどが、「男性性強め女子 × 女性性強め男子」「女性性強め女子 × 男性性強め男子」の組み合わせですが、それぞれどんな傾向になるかをあげてみました。

【男性性強め女子 × 男性性強め男子】

惹かれ合うことはありませんが、相手のスペックや憧れで選んだ場合はこの組み合わせになることも。お互い仕事もできてプライベートも計画的できっちりしているため、女性性エネルギーが枯渇して疲れてしまい、長続きしません。

【男性性強め女子 × 女性性強め男子】

頑張りすぎている女性がゆるく生きている男性とマッチングすることで、もっとリラックスして生きていいことを人生に獲得していきます。

【女性性強め女子 × 男性性強め男子】

不安になりやすい女性が行動力のある男性とつき合うことで、もっとチャレンジすることを自分に許していくプロセスをたどります。

【女性性強め女子 × 女性性強め男子】

惹かれ合ってつき合うことは基本的にありません。お互いマイペースなので何も叶えられず、欲求不満になってうまくいかないパターンに。

男性性の「結婚」と女性性の「恋愛」

彼が結婚したがらない、既婚男性との不倫が続いていて未来が見えないなど、結婚をゴールにしているために起こる悩みもよく聞きます。

しかし、この本でお伝えする「LOVEエネルギー論」は、決して結婚を目的としたものではありません。

結婚は、人間が作り出した社会の中の制度であって、男性性的な契りです。

それに対して、「LOVEエネルギー論」は、すべてはエネルギーでとらえる宇宙の概念なので、結婚はゴールではありません。

恋愛で楽しかったことを思い出してみてください。うれしいな、ワクワクするな、幸せだな、など心地よさを感じている時ではないでしょうか？

つまり、**相手と自分が心地よくエネルギーを回していける状態が、「LOVEエネ**

ルギー論」のゴールです。

理想の彼を召喚して幸せな結婚をしたい、と望む人は多いのですが、「結婚」という社会の制度を得て安心したいと思えば思うほど、残念ながら男性はコントロールのエネルギーを感じるので、結婚したくなくなるのです。

「LOVEエネルギー論」は、自分がエネルギー体として幸福で豊かで至福の体験をするために恋愛をすることが最優先。至福な恋愛をとばして結婚をゴールにしている限り、最高のパートナーを召喚することは不可能です。

宇宙エネルギーを使って、望むパートナーシップを体験したいのであれば、社会の制度である「結婚」を頭の中から取り除いて、自分が望む体験、望む感覚にフォーカスを当てましょう。この本では、その方法をたっぷりお伝えしていきます。

宇宙は常にあなたが望む感覚を届けてくれていることを忘れずに、幸せな恋愛を楽しんでくださいね。

役割を持った私と、何者でもない私

私たちはこの地球に、何の役割も持たない「何者でもない私」として生まれてきました。

一方で、私たちは社会の中で生きている時、「役割を持った私」として生きています。子どもという役割を持った私、彼女という役割を持った私、妻という役割を持った私、母という役割を持った私、嫁という役割を持った私、上司という役割を持った私、友達という役割を持った私など。

役割を持ったがために、いい母親でなければいけない、妻は料理が上手でなければいけない、子どもは親を悲しませてはいけない（その結果、親に認められるような仕事を選ぶなど）、上司としてしっかりと立ち振る舞わなければいけないなど、無意識に役割を演じてしまい、生きづらくなっている人は多いでしょう。

本来のパートナーシップとは、何者でもない私が心地よく過ごせる関係性です。

私も、以前は役割を持った私としてでしか、男性と関係を保つことができませんでした。長男は幼い頃、喘息とアレルギーがあり、お米もお肉も卵も乳製品もダメだったため、それらを除いたご飯を作る必要がありました。

普通の人なら音《ね》を上げるところですが、私は正解がわかっているものに対してはいわれた通りにやってしまう特性があるため、完璧なアレルギー除去食を作り、母親としての役割を果たしていたのです。

「妻とはこういうもの」「お母さんとはこういうもの」という頭の中の勝手な正解を役割として演じ、「何者でもない私」としてパートナーや子どもに甘えることなく自分を犠牲にしていました。

でも、「LOVEエネルギー論」を探求する中でわかったのは、「何者でもない私」からの素直な欲求は、男性にとっての喜びであるということ。

役割ばかりで生きてきた人生から、解き放たれていきましょう。

役割は捨てなくていい

「役割を持った私」のままパートナーシップを築こうとしても、うまくいきませんが、だからといって、「役割を持った私」を捨てる必要もありません。

「役割を持った私」と「何者でもない私」は、どちらもバランスよくエネルギーを回す必要があります。

ただ多くの人は「役割を持った私」の時間が長すぎて、「何者でもない私」に戻ることが難しくなっているのです。

子どもを喜ばせたいという「母親」の役割の自分もいれば、親孝行をしたいという「子ども」の役割をする自分もいていいのです。

私も2人の息子がいますが、彼らの笑顔が見たくて母親として一緒に遊ぶことも楽しみます。でも、食べたいお菓子が人数分ない時は、「ママが食べたい！」といって「何者でもない私」になります。

「母親」の役割を持ったままだと、自分が食べたくても子どもに譲って、子どもを優先してしまいがちですが、役割を背負うことで自分に我慢を強いることがあるならば、それは手放していくことが大事です。

私たちは社会の中で、家族、学校、会社などさまざまなところに所属しています。その中では役割を持つ必要もあります。その場合は、自分が心地よく感じるやり方で関わればいいのです。

自分スタイルで関われば、その役割もまた楽しいですよね。

「役割を持った私」も楽しいし「何者でもない私」も楽しい。だから全方位でうまくいくようになるのです。

エネルギー循環で寿命が変わる!?

この世界は、エネルギーが循環している状態が正常ですから、人もエネルギーを循環させて生きています。

誰もが男性性と女性性のエネルギーを持っているとお伝えしましたが、実は、男性と女性では、そもそもエンジン（男性性）とガソリン（女性性）の比率が異なります。

男性は、願う力であるガソリンは少ししか生み出せませんが、叶える力である大きなエンジンを持っています。

一方で、**女性はエンジンは小さくても、思いや願いにあふれ、自らたくさんのガソリンを生み出せます。**

ガソリンがなければエンジンは動きませんから、男性のエンジンを動かすには女性のガソリンが必要になるのです。

実は、そのことを裏づける寿命のデータがあります（独身研究家、荒川和久氏による死亡年齢中央値）。

・未婚男性　65〜69歳
・有配偶者男性　80〜84歳
・未婚女性　85〜89歳
・有配偶者女性　80〜84歳

未婚男性と、既婚男性とでは、なんと寿命は15歳以上もの差が！
男性は女性に比べて女性性エネルギーの生成量が圧倒的に少ないため、パートナーがいない男性は、女性からガソリンをもらうことができず、エネルギーを循環させられない状態なのでしょう。男性にとって、パートナーがいないことは死活問題でもあるのです。

一方、女性はそこまでの大差はないにせよ、男性とは逆で、既婚女性のほうが未婚女性より寿命が短くなっています。

これは、エネルギー的に見ると、女性は結婚することで「母」「妻」「嫁」などの役割が増えて、男性性が強くなりすぎるためエンジンばかりが回ってしまい、ガソリンが枯渇していくからです。

女性は自ら女性性エネルギーを生成できるので、男性性で過ごす時間が増えた分、喜びや心地よさを感じる時をすごし、女性性を大切にしていくことが重要です。

ちなみに、男性でも没頭できる趣味を持っていると、エネルギーは循環します。趣味とは「何者でもない私」、つまり女性性の領域だからです。

寿命にまで関わるエネルギー循環。パートナーシップのみならず、人生を輝かせるために、健全なエネルギー交換をすることは重要です。

次の章では、どうすれば幸せなパートナーシップを築いていくことができるのか、「エネルギー論」の核心である「メロメロ理論」の全貌を見ていきましょう。

第2章

パートナーに超愛される「メロメロ理論」

「メロメロ理論」で男女間のエネルギーを循環させる

パートナーのことが好きすぎて周りが見えない！　という状態を「彼（彼女）にメロメロ〜♡」といいますよね。

自分の男性性と女性性が仲良くなると、パートナーもあなたにメロメロになる、それが、「ＬＯＶＥエネルギー論」を活用する「メロメロ理論」です。

先ほど、誰もが自分の中に男性性と女性性のエネルギーを持っているといいましたが、パートナーシップがうまくいかない原因は、自分の男性性と女性性が喧嘩しているからです。

この2つのエネルギーバランスが乱れていると、現実のパートナーシップもうまくいかなくなるのです。

私は、メロメロ理論を伝える「メロメロアカデミー」という講座を開講していいますが、受講された方がどんどん幸せになるのを見て、「メロメロ理論」を理解すれば、パートナーシップのエネルギー循環はうまくいくと、さらなる確信をしています。

そこで、本章では「メロメロ理論」の全貌を明かすべく、９つの柱を紹介します。

「メロメロ理論」を取り入れて、男性性と女性性の関係性を修復、和解させていきましょう。

こじらせ女子からの卒業も、間近です！

メロメロ理論1

男性は与えて、女性は受け取って喜ぶ

良好なパートナーシップを育む方法は、**「する」「やる」という男性性エネルギー（エンジン）**と、**「うれしい」「楽しい」「ワクワクする」という女性性エネルギー（ガソリン）をうまく循環させること。**これ以外にありません。

男性は女性からガソリンを受け取ることで大きなエンジンを動かし、女性はあふれるガソリンを男性に投入することで、循環させているのです。

次に、男女間のエネルギー交換の手順をあげてみました。

1　女性が、男性にしてほしいことをリクエストする（エンジンにガソリンを注ぐ）

例：「○○してくれたらうれしいな」「今度、ここにあなたと一緒に行きたいな〜。めっちゃ楽しみ♡」など

2　男性は、女性がしてほしいことを実際に行動する（ガソリンを使ってエンジンを回す）

⬅

3　女性は、リクエストに応えて行動してくれた男性に、「楽しい」「うれしい」「幸せ♡」といった女性性エネルギーを返す（再びガソリンを注ぐ）

例：「わ〜うれしい!!　これ、すごくほしかったの！　ありがとう♡」「あなたと、ここに来られて、幸せ〜」など

⬅

4　男性は女性の喜ぶ顔を見たくて、さらに与えたくなる（再びエンジンを回す）

男性は馬力のあるエンジンを持ち、女性は無限に湧いてくる油田を持っています。男性は与えることで、女性はそれを受け取り喜ぶことで、エンジンとガソリンはフル回転していき、エネルギーは無限に循環していくのです。

男女のエネルギー交換のしくみ

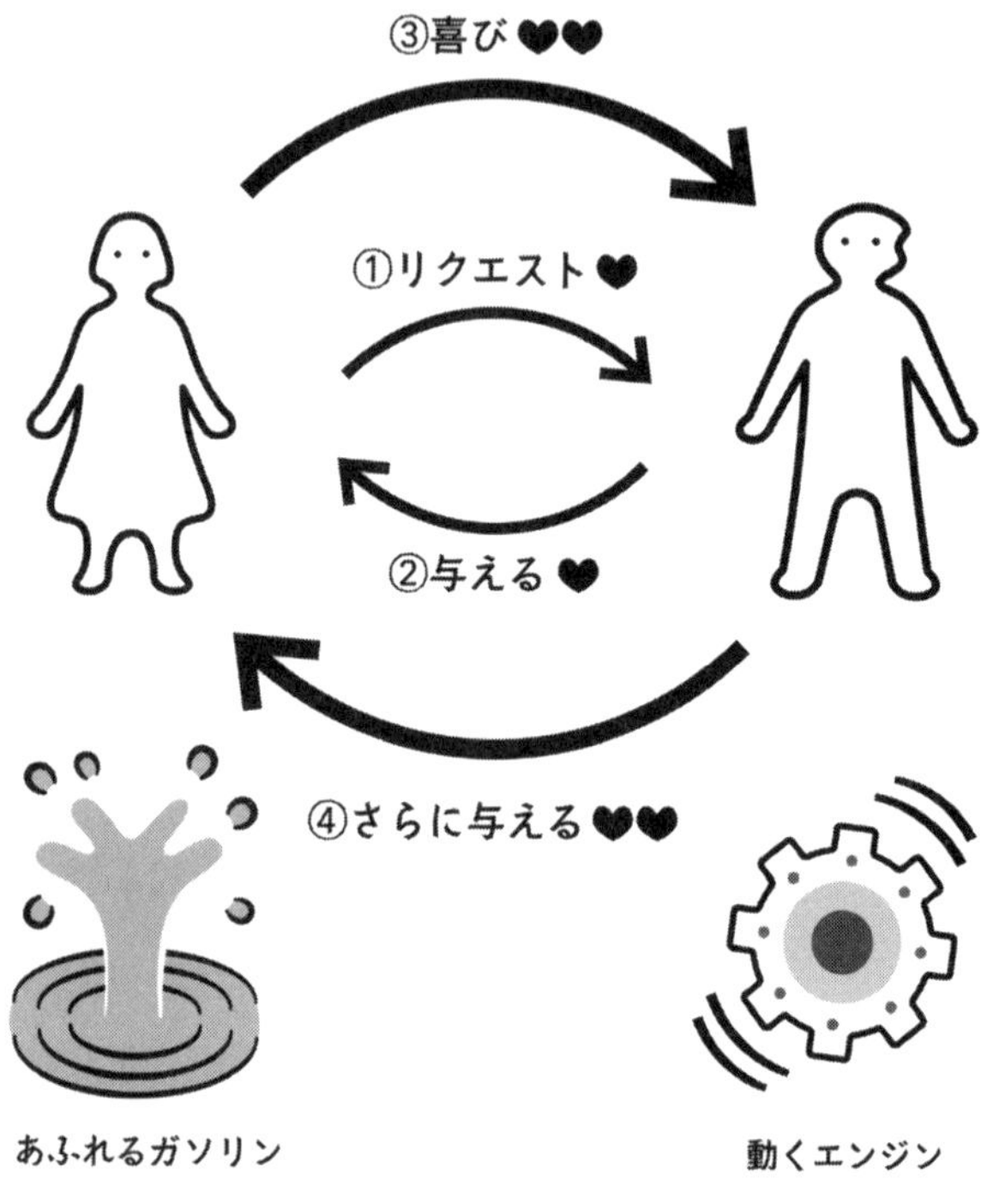

男性は女性からのリクエストに対して男性性エネルギーを与え、女性はその男性性エネルギーを受け取って女性性エネルギーをあふれさせることで、お互いのエネルギー循環を起こすことができる。

メロメロ理論2

男はヒーロー、女はプリンセス

男性は与える喜びを、女性は受け取る喜びを知ることが、幸せなパートナーシップを築くためには不可欠だとお伝えしましたが、喜びのポイントが異なる理由は、男性はヒーロー思考、女性はプリンセス思考だからです。

子どもの頃のことを思い出してみてください。男の子は戦隊モノ、女の子はプリンセスが好きですよね。

戦隊モノのストーリーは、試練を乗り越えてより強くアップデートされていきます。一方、プリンセスが登場するストーリーは、相棒やキャラクターなどの力によって、プリンセス本来の魅力が取り戻されていきます。

つまり、**男性は自分の力で自分を成長変化させヒーローになることに喜びを感じ、女性は本来の自分を取り戻してプリンセスになることに喜びを感じるのです。**

男女間のすれ違いの原因は、この違いを理解できないことにあります。私たちは自分が喜びだと感じることが、相手も喜びだと思ってしまいます。

たとえば、パートナーにただ聞いてほしくて話しただけなのに、相手はそれをわかってくれないばかりか、あれこれアドバイスされてムッとした、という経験をした方も多いのではないでしょうか？

それは、ヒーロー思考の男性は、相手も変化・成長することが喜びだと勘違いしているからです。一方、プリンセス思考の女性も、相手は本来の私に寄り添って理解しようとしてくれている王子様だと勘違いしているのです。

ここで大切なのは、男性は女性をプリンセスにしたいわけではなく、自分がヒーローになりたいだけだ、ということ。

そして、女性は男性をヒーローにさせたいわけではなく、自分がプリンセスになりたいだけだ、ということです。

男性はヒーローになりたいために、自分がしたことへの承認・評価を女性に求め、女性はプリンセスになりたいために、自分をわかってほしくて男性に共感を求めます。

しかし、期待した反応が返ってこないため、女性はお姫様にさせてくれない男性に不満を感じ、男性はヒーローだと認めてくれない女性に不満を感じる、という永遠の確執に陥ってしまうのです。

このすれ違いを修正するには、**彼が与えてくれたことはあなたをプリンセスにしたくてやったわけではなく、自分がヒーローになりたくてやっている、**と理解することです。ここが腑に落ちると、彼が与えてくれたことを喜んで受け取ることが大事だとわかるでしょう。

男性にとって大切にしたい女性は、与えたことを喜んでくれて自分がヒーローであることを感じさせてくれる人。

そう感じさせてくれる女性に出会うことではじめて、ヒーローである自分が目の前の女性をプリンセスにしようと行動するようになるのです。

うまくいく男女とすれ違う男女の違い

男性は、自分が与えたことを喜んで受け取ってくれる女性をプリンセスにしたくなる。反対に、プリンセス扱いされない不満を女性からぶつけられると、ヒーローになれない男性は不満を抱え、男女のすれ違いが始まる。

メロメロ理論３

男性性と女性性のバランスは、人それぞれ

女性はプリンセスになりたいものだとお伝えしましたが、あなたはどんなヒロイン、プリンセスになりたいですか？

白雪姫、シンデレラ、オーロラ姫、ベル、アリエル、ラプンツェル、それとも、『美少女戦士セーラームーン』の中のキャラクター？

ヒロインといってもそれぞれなりたいキャラクターが違うように、私たちは全員、自分にとって「ちょうどいい状態」というものがあります。

それは、好奇心旺盛でわんぱくな女性かもしれないし、サバサバした女性かもしれません。

自分にとってちょうどいい状態の時は、男性性と女性性のバランスは整っていますから、不満や不安はほとんどありません。

一方で、外側の正解に合わせてしまっていると、男性性と女性性のバランスが崩れてパートナーへの不安や不満でいっぱいになります。

「彼女なら、こうあるべき」「妻なら、こうしなければいけない」という役割を演じすぎて、自分らしくない状態です。

自分にとってちょうどいい状態からズレると、自分らしさを失って恋愛はうまくいかなくなるでしょう。

ありのままの自分で幸せになり、そんな自分にぴったりの王子様が現れるというのが「LOVEエネルギー論」ですから、自分にとって心地いい男性性と女性性のエネルギーバランスを見つけていきましょう。

メロメロ理論4

現在の男性性と女性性のバランスを知る

「メロメロ理論3」で、男性性と女性性のバランスについてお伝えしましたが、ここで現在のあなたの男性性と女性性のバランスはどんな状態かを把握しましょう。
次にあげた項目から当てはまるものにチェックを入れてみてください。

【男性性が暴走気味】

□ 理由なく買い物ができない（使い終わったから、壊れたからなど理由がなければ買えない）
□ 使えるものはダメになるまで使う
□ 髪の毛が伸びておさまりが悪くなるまで美容室には行かない
□ 疲れているのに休めない
□ 無駄なことをしている時間がもったいない

□ 正確さにこだわる
□ 予測した通りにならないとイライラする
□ おせっかいで、なんでもやってあげたくなる
□ かわいいものより機能的なものを選ぶ
□ おなかがいっぱいだけど、ご飯を残せない
□ 遊園地で待ち時間が少ないアトラクションばかり乗ろうとする
□ 安売りしていると買いだめる
□ 人に頼むのが苦手
□ 誰彼かまわず笑顔を振りまく（八方美人）
□ どのサイズも同じ値段なら、小さいサイズで十分でも大きいサイズを選んでしまう

【女性性が暴走気味】
□ すぐ不安になる
□ 散財するのでお金がなくなる

□一生懸命に頑張って支度しても遅刻する
□お店で食べたいものを頼みすぎてしまう
□感情の起伏が激しい
□合理的に物事を判断することができない
□気分でドタキャンする
□場の空気を読まずに不機嫌になる
□なんで買ってしまったのかわからないものが多い
□やらなければいけないことより、今したいことをやってしまう
□計画性がない
□ひとりぼっちが苦手
□スケジュール帳が埋まらないと不安
□周りをイライラさせるほどマイペース
□やる気はあるけど、実行できない

どちらにどれくらいチェックがつきましたか？

当てはまる項目の合計数を出してみましょう。

0～3個は男性性と女性性のエネルギーバランスがいい状態、4～9個はちょっとバランスが乱れている状態、10個以上はかなりバランスの乱れがあり暴走気味といえます。

男性性が暴走気味と女性性が暴走気味の項目のどちらも5個以上で同じくらい当てはまる人は、バランスがかなり悪い混在タイプ。

でも、ほとんどの人が混在していますから心配することはありません。

この本でお伝えすることを実践していただければ、男性性と女性性のエネルギーバランスが整っていくので、大丈夫です。

メロメロ理論５

本来のエネルギーバランスに戻す

あなたの男性性と女性性のバランスを把握したら、次は２つのエネルギーバランスを整えていきましょう。

エネルギーバランスが整っているというのは、自分の男性性を認めることができていて、なおかつ女性性の願いを聞く姿勢がある状態のこと。

特に、男性性強め女子のみなさんは、自分の男性性（行動したこと）を認めて、たくさん褒めてあげましょう。

朝起きたこと、電車に乗って通勤していること、夕飯の支度をしていることなど、当たり前だと思うような些細な行動をいちいち褒めることが大切です。

私は、男性性は線（時間軸を生きている）で、女性性は点（今にいる）とお伝えしています。

線の男性性は、過去も今も未来もずっと女性性のために頑張り続けているのですが、今にいる女性性は頑張ってきた事実を置いてきぼりにしがち。

そのエネルギーバランスを整えるために、男性性を褒めるのです。

こうして男性性が認められて満ちてくると、女性性の願いを聞いて叶えようとしてくれるようになります。


100ページに男性性と女性性のエネルギーバランスを整えるワークを紹介したので、ぜひ実践してみてください。

長年の癖を直すには時間がかかりますが、毎日取り組むことで、あなたの中の男性性と女性性のバランスが整ってくるのが実感できるようになりますよ。

メロメロ理論6

エネルギーバランスが整うと、出会う人が変わる

自分の男性性と女性性のバランスを改善しないまま、「次こそ白馬の王子様と出会い、幸せな恋愛ができる！」と思っているなら、残念ながらそれは難しい話です。

自分の男性性と女性性のバランスが整ってはじめて、目の前の男性と心地よい恋愛ができるようになっているので、それが整わない限りは望むような男性が現れるはずがないのです。

しかも、恋愛においては男性よりも女性のエネルギーが強いので、女性側の男性性と女性性のエネルギーバランスが整わない限り、恋愛はほとんど同じ形で終わります。

たとえば、つき合いはじめた頃は優しかったのに、しばらくたつとみんな暴力をふるうようになるとか、最初はお金を稼げる人だったのにいつのまにか稼げなくなってしまうなど。

パートナーとは本来のあなたに戻る鍵を持った相手なので、自分が変わらないまま

でいると、何度でも同じタイプの男性と出会ってしまうのです。

多くの女性は、自分を変えずに新しい恋愛に踏み切りますが、白馬の王子様に迎えにきてほしいなら、白馬の王子様にふさわしい自分にならないといけません。

自分の扱い方を変えてはじめて、出会う人が変わるのです。

ちなみに、「彼氏がほしいけれど出会いがない」という悩みを抱えている人もいらっしゃいますが、まずは自分の本音を見てみましょう。

周りが結婚ラッシュだったり、適齢期を越えそうだったりしてそう思っている……ということはありませんか？　もしそうなら、それらはあなたの本音ではありません。

出会いがない、と悩んでいる方は、自分は本当にパートナーがほしいと思っているのか、なぜほしいと思っているのか、その部分に向き合ってくださいね。

メロメロ理論7

不倫、復縁の悩みも「メロメロ理論」ですべて解決！

なぜか不倫関係になってしまう、別れた彼と復縁したい、パートナーと張り合ってしまう、いつも重い女になってしまうなど、パートナーシップがうまくいかず悩んでいる方も多いでしょう。

男女間のいざこざは、男性性と女性性のエネルギーバランスが、あなたにとってちょうどいい状態ではない時に起きます。「メロメロ理論」で男性性と女性性のエネルギーバランスが整い出すと、今おつき合いしている人と別れることになるかもしれませんし、反対に、離婚寸前だった状態からラブラブになるかもしれませんが、いずれにせよ、思考では想像もつかないような現実が起こり出すでしょう。

男女間のいざこざで悩んだら、「メロメロ理論」に立ち返るだけであなたにとって、幸せなパートナーシップが叶うようになります。

本来のエネルギーバランスに修復する「メロメロ理論」

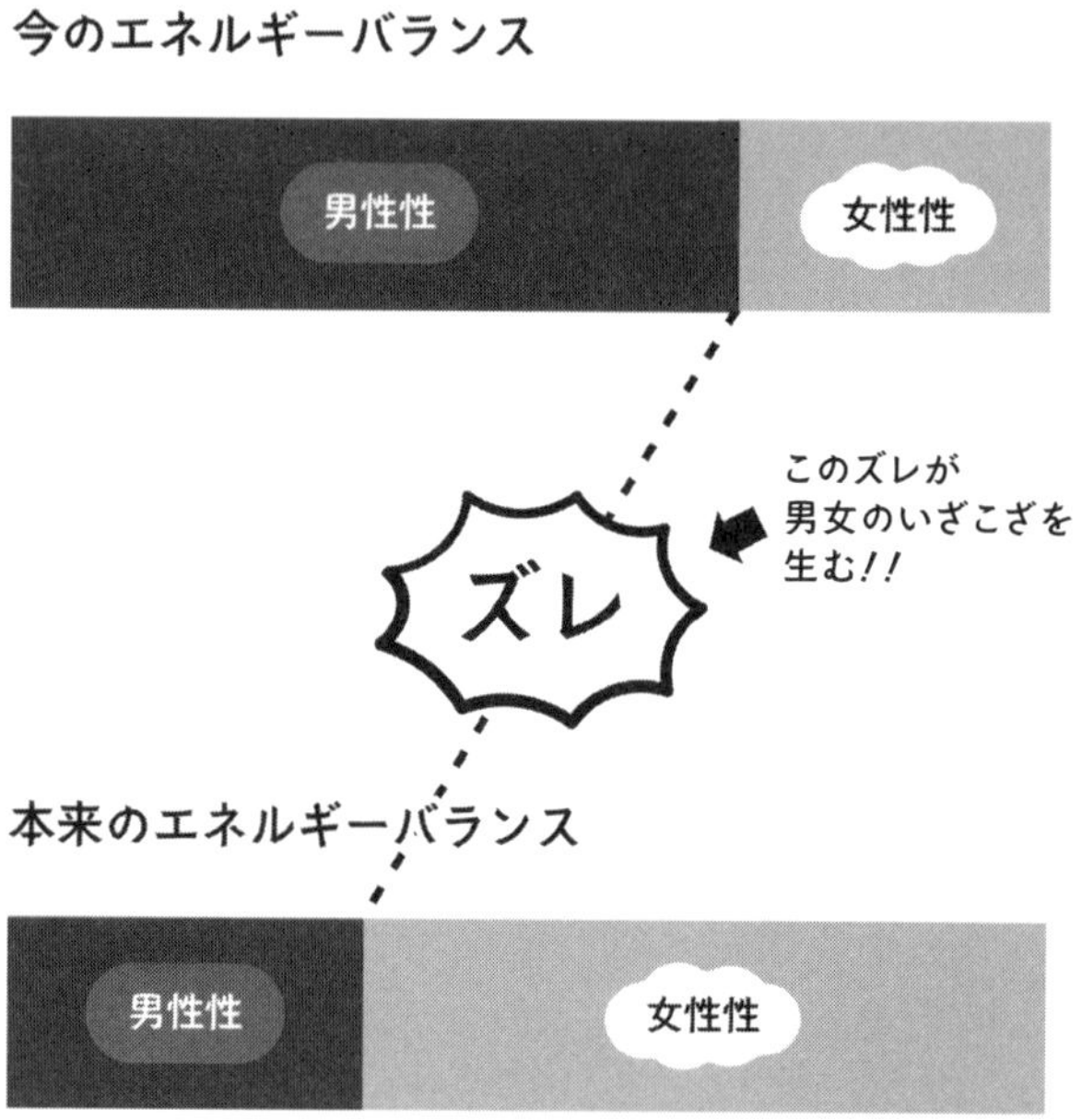

男女のいざこざは、あなた本来の男性性と女性性のエネルギーバランスがズレると発生する。そのズレを修正するのが「メロメロ理論」。ズレがなくなるほどパートナーシップもうまくいくようになる。

メロメロ理論８

理想の王子様を召喚する

メロメロ理論では、あなたが望む体験をさせてくれる理想の王子様を召喚することもできます。

そのためにはまず、**「あなたにとって望むパートナーとはどういう人か？」を明確にすること**です。

明確にする方法は、第５章で詳しくお伝えしますが、明確にしたら「私はその望む体験をしていい」と許可をすることが大切です。この許可がされていないと、いくら望む体験をリクエストしても叶わないからです。

たとえば、プライベートジェットを持っている人と一緒に世界中を旅したい、とリクエストしたとします。

自分の中で、「私はその体験をしていい」と許可できていれば、本当にそういう人と出会えます。

でも、「そんな人と出会えるわけない」「そういう人はもっとセレブな人を好きになるはず」「そんなに旅ばっかり連れ回されたら疲れちゃうかも」などと思っているなら、本心ではないので、現実にはなりません。

だからこそ、本当にあなたの望む体験は何かをクリアにして、自分ごととして許可をしてはじめて、あなたが望んだ通りの完璧な男性が現れるのです。

もし、なんの制限もなくすべてが叶うとしたら、何を体験したい？

それを突きつめてリクエストし、そのリクエストしたことを自分が体験していい、と許していくことで、宇宙から理想の相手がセッティングされます。

メロメロ理論９

エネルギーが回るセックスを叶える

女性性は「受け取る」喜び、男性性は「与える」喜びを知ることで、本来の力を呼び覚ましていくということをお伝えしてきましたが、余分なものが削ぎ落とされて、受け取る喜び、与える喜びのみになったゴール地点、それがエネルギーの循環する究極のセックスです。

女性は自分が与えられていることに集中してただただ受け取る喜びだけを感じ、男性は女性に与えて女性が喜んでいるのをただただ感じる。そこに、それ以上もそれ以下もなく、ただエネルギーを回して気持ちよく昇華していく、それがセックスの役割です。

けれど、たいていの場合、女性はパートナーに自分がどう見られたいかにこだわり、男性は自分が気持ちいいひとりよがりのセックスをしがち。この時点で、女性は受け取るのではなく男性に喜んでもらうために与えようとし、男性は女性に与えるのではなく気持ちよさを与えてもらおうと思っているので、エネルギーは回らなくなるのです。

だからこそ、日常生活から、女性は「受け取る力」を高めていくことが大事。それが土台にあってこそ、はじめてナチュラルにエネルギー循環するセックスができるようにもなるのです。

「メロメロ理論」で、エネルギーが循環するセックスを叶え、満たされていきましょう。

第3章

男性性と女性性のエネルギーバランスを整える

ガソリンがあふれればあふれるほど、現実は激変する！

本章からは第2章でお伝えした「メロメロ理論」をさらに詳しく見てきます。まずは、「メロメロ理論1〜2」の男女のエネルギーバランスのしくみについて。

私は、受講生たちに男性性、女性性のエネルギーの循環を徹底してやってもらっているのですが、エンジン（男性性）とガソリン（女性性）の循環をマスターすると、本当に現実が面白いほどに変わります。

受講生のSさんは、家事や子育てを何ひとつしてくれない旦那さんに嫌気がさし、6年間無視し続けたそうです。今後は離婚して、息子といい親子関係を築くために受講しにきてくれました。

しかし、男女のエネルギー交換ができていなかったと痛感したSさんは、旦那さんに優しさや思いやりというガソリン（女性性エネルギー）を注ぐことにしました。

家庭内別居で口も聞かずに暮らしていたため、まずは「おかえり」と挨拶をするところからはじめることに。最初は抵抗があったそうですが、挨拶ができるようになると、少しずつ夫婦の会話も増えてきて、やってほしいことをリクエストできるようになってきました。

こうしてガソリンとエンジンが循環しはじめると、旦那さんがご飯を作ってくれるようになったそうです。

次にSさんは、旦那さんにお礼の手紙を書くことにしました。夜勤の仕事から戻ってきた旦那さんが朝帰ってきた時に気づくように、テーブルの上に「おかえりなさい。いつもありがとう」と置き手紙をしたそうです。

すると、旦那さんもSさんの外出中に、感謝の置き手紙を書いてくれて、２人の冷戦は完全に終わりを告げました。

今では、いろいろな料理を作ってくれて、家族を思いやる優しい旦那さんに変わり、Sさんは「今、人生で一番楽しいです。うちの旦那さん、かっこいいです！」と伝えてくれました。

6年間も妻に無視し続けられたにもかかわらず、女性のリクエストを叶えたいと思う、そんな男性の愛情は深いなと感動します。

ほかにも、ゴミ出ししかしてくれない、とご主人に不満を持っていた受講生は、ご主人がやってくれたことを見ていなかった自分に気づき、「いつもゴミ出ししてくれて、ありがとう。すっごく助かる～♪」とガソリンを注ぎだしました。すると、ご主人は洗濯物を畳んでくれたり、食器を洗ってくれたりするようになったそうです。

男性は与える喜びを、女性は受け取る喜びを知らないと、幸せなパートナーシップを築くことは不可能です。

エンジンを持つ男性がほしいのは、与えたものを喜んで受け取ってくれるという、女性の喜びのエネルギー（ガソリン）ということを忘れないでください。

ちなみに、男女のエネルギー交換は恋人や夫婦間のみならず、男女間で有効です。

たとえば、父親や息子、男性上司との関係がうまくいっていないと感じるなら、男性にやってほしいことを楽しくリクエストして、やってくれたことに対して「うれしい」「楽しい」「幸せ」「ありがとう」「かっこいい」といった喜び（ガソリン）を注いでください。必ずいい関係になっていきますよ！

ただし、「ガソリンを注げば思い通りになるんだ」というコントロールのエネルギーでは循環させることはできません。

誤解されがちなのですが、本当に「うれしい」「楽しい」「ありがとう」という気持ちがあふれるからこそ、それが相手に伝わるのであって、そう思っていないのに口先だけでいっても、それはただ自分のエンジンを回しているにすぎません。

口先だけの言葉は、ただ「いっている」という男性性なので、自分のエンジンを空回りさせているだけです。

男性が与えてくれたものを喜んで受け取る時に、ガソリンはあふれ出すのです。

どんな時も、男性が与えてくれていることを見る

彼の仕事が忙しくて連絡が少なくなると、「私のこと嫌いになっちゃったのかな」「ほかに好きな人ができたのかな」と不安になる人も多いのですが、ここで知っていただきたいのが、**男性はシングルタスク（ひとつのことに集中する）、女性はマルチタスク（同時進行ができる）だということ。**

男性は仕事が忙しくなると、ほかのことが考えられなくなる性質があるだけで、決して彼女を嫌いになったわけではないのです。

仕事も子育ても家事もしながら、友達と遊んで楽しむことができる女性からすると、「忙しくても、連絡くらいできるでしょ」と思ってしまいますよね。でも男性はひとつのことに集中すると、それ以外に気を配れないのです。

これは、男女の違いなのでどうすることもできません。

では、この違いを乗り越えるためにどうすればいいのかというと、ここでも**与えてくれたことを喜ぶのです。**

たとえば、月に1回はお泊まりデートをしていたけれど、仕事が忙しくてお泊まりがなかなかできなくなってしまったとします。

その時に、こじらせ女子は寂しさから「いつお泊まりできるの？」「もう私と泊まりたくないんでしょ」など相手を責めるような言葉をいいがちですが、これは厳禁。破綻へつながってしまいます。

男性は、女性に与えたい生き物なのです。けれど、今それができない状況の中、頑張って時間を割いてデートをしてくれたのなら、そのことを思い切り喜びましょう。「私のために時間を割いてくれてありがとう」「本当にうれしい、幸せ♡」。

まだ叶えてくれていないことがあったとしても、叶えてくれたことに意識を注ぐことで、男性はあなたにどんどん与えてくれるようになります。

過去に与えてもらったことを思い出す

今、彼との仲がギクシャクしていたとしても、挽回《ばんかい》は可能です！　**彼があなたに与**

えてくれたことを思い出して、それを今、素直に表現していきましょう。

たとえば、あなたがおいしいものを食べたいと彼にリクエストした時、リーズナブルな居酒屋さんにしか連れていってもらえなくて不満だったとします。

あなたは高級なレストランを想像していたかもしれませんが、少なくとも男性はあなたを喜ばせたくて居酒屋さんに連れていってくれました。まずはそのことに気づきましょう。

文句をいう前に、あなたが受け取らなければいけないものがあることに気づいてください。

その上で、「私はこういうのが好き」と素直に表現すればいいのです。

たとえば「あの時、居酒屋さんに連れていってくれてありがとう。おいしかったね！　今後はここに行ってみたいな。ネットで見つけたんだけど、お肉がおいしくて雰囲気もよさそうなの」というように。

私の受講生で、結婚前はたくさんプレゼントを贈ってくれたのに、今は子どもにしかプレゼントを買ってこない、と拗《す》ねている人がいました。

彼女は、独身の時に彼に買ってもらったアクセサリーを眺めながら、すごく愛されていたことを思い出して改めてつけてみたり、彼からもらったバッグを大事そうに使ったりなど、気に入っていることがわかるように態度で示したそうです。
すると、彼は出張の際にお土産で化粧品を買ってきてくれるようになるなど、変化が出てきたと報告してくれました。

過去に当たり前だと思って受け流したことがあれば、些細なことでもいいので、「もしかして、与えてくれていたのではないか」と気づいていきましょう。

そして、与えてくれていたと気づいたなら、素直に表現してみることで、エネルギーは循環しはじめます。

男性がやってくれたことに、ダメ出しをしない

女性が男性にガソリンを注げるようになると、男性はエンジンを回して、女性のリクエストを叶えてくれるようになってきます。

その時に気をつけたいポイントがあります。

それは、**やってくれたことに対してダメ出しをせず、いったん受け取って喜ぶこと。その上で、改善してほしいところがあったら、こうしてほしいと自分の気持ちを伝えましょう。**

男性は女性に喜んでほしくてやってくれています。それなのに、たとえば、洗濯物の干し方が雑、掃除機がうまくかけられていない、冷蔵庫の中がきれいに整理されていないなどダメ出しをされたら、一気にやる気を失ってしまいます。

それよりも、「洗濯物干してくれてありがとう！　めっちゃ助かった〜。今度、干してくれる時は、シワにならないように伸ばして干してくれたらうれしいな」といわ

れたほうが、彼女をもっと喜ばせるために頑張ろうと、改善したくなります。

ただグチを聞いてほしかっただけなのに、あれこれアドバイスされた時は、「ありがとう」と感謝の気持ちを告げて、次回から「今日は何もいわずただ話を聞いてくれるだけでうれしいな」と伝えてみると、男性は女性のリクエストを受け取って叶えてくれるでしょう。良好なパートナーシップを育んでいる女性は、必ず男性がしたことを受け取っています。

男女のパートナーシップがうまくいくのは、女の人が受け取り上手になっている時。**ダメ出しは、指示出しと同じなので男性性の領域です。男性が与えてくれたことを「ありがとう」と受け取っていきましょう。**

少し極端な例ではありますが、たとえば、ワンちゃんにフリスビーを投げたら、ワンちゃんは飼い主さんに褒められたくて、フリスビーをくわえて戻ってきますよね。それなのに、「なんでもっとうまく取ってこれないの？　ほんと、下手なんだから！」と怒られたら、ワンちゃんはシュンとしてしまいます。

でも、「えらいね！　頑張って取ってきたね！」と褒められたあとに「今度はもっと上手にキャッチできるかな？」といわれたら、ワンちゃんは張り切ってフリスビーをキャッチしたいと思うでしょう。

これと同じで、男性もいったんやったことを受け取ってもらえたら、リクエストも聞きたくなるのです。男性は与えたい生き物であることがわかれば、文句をいうよりも、褒めたほうがいい関係になることは明白です。

相手が自分のことをわかってくれないなら私も相手を認めない、と平行線でいる限り、男女の確執による溝は永遠に埋まらないまま。

もし、相手にムカついているのにそんなことといえない、と思うなら、自分の男性性と女性性のパワーバランスを整えることが最優先です。

特に、１００ページのワークをやり続けてください。自分がやったこと（男性性）を認めていく、どんな些細なことも「頑張ったね」と認めていく。自分で自分を認められるようになると、目の前の男性がしてくれたことに対して「ありがとう」と受け取れるようになりますよ。

ダメ出しをやめたら、旦那さんも上司もいい男に急変

大好きな人と結婚して子どもも授かり幸せなはずなのに、旦那さんの食器の片付け方など、日常の細かいことにイライラしていた受講生のFさん。加えて、職場でも優柔不断な男性上司の仕事が突然ふってくるなど、男性にいらだつことが多かったそうです。

ところが、受講して今まで男性にダメ出しばかりしていた自分に気づき、まずは男性がしてくれたことを受け取る練習をしていきました。

たとえば、食器は旦那さんが洗ってくれていましたが、長時間放置することが気になり、早く洗ってほしいと指摘をしていました。

でもダメ出しをやめて、「洗ってくれてありがとう」とまずは、やってくれたことを受け取ったそうです。その後、「すぐ洗ってくれたほうが気分がいいから、うれしいな」と機嫌よく伝えたりしました。

職場においても、無能な上司という烙印《らくいん》を改め、やってくれたことに「ありがとうございます。ほんと助かりました」と伝える努力をしていったそうです。

最初は、褒めることに納得がいかず抵抗がありましたが、それでもチャレンジしていくと、食器を放置していた旦那さんは毎日すぐに洗ってくれるようになり、上司はリーダーのように行動力が爆上がりしていい職場に生まれ変わったそうです。

男性は与えたものに評価がないと頑張れません。改善しようという意欲にならないのです。

男性の欲求は、やったことを受け取ってほしいということ。ダメ出しするのではなく、先にやってくれたことに感謝したり、配慮したりしてください。

それが、男性を伸ばすコツです。

男性性は役割を与えて育てる

男性性と女性性では、高め方がそれぞれ異なります。

魅力や美しさ、感覚などをつかさどっている女性性は、すでに自分の中にあるものです。社会的常識や外側の正解などでくもってしまっているだけなので、それらを取り除いて、自分の感性を磨いていくことで高まります。

一方、**行動力、調査力などをつかさどる男性性は、学習を繰り返していくことによって育つ性質があるので、役割を与えることで高まります。**

たとえば、女の人のほうが稼ぐ能力にたけているなら、男の人が主夫になってもいいのです。買い物や料理、食器洗い、子どもの保育園の送り迎えをしてもらって、ヒーローになってもらいましょう。ヒーロー思考の男性は、役割をこなすことで男性性が育ちます。

受講生の中には、仕事が続かない旦那さんに不満を持っていた方もいましたが、旦那さんがやってくれたことを褒め続け、ヒーローになってもらったところ、旦那さんは仕事も頑張るようになりました。

私の2人の子どもは男の子ですが、すでにヒーロー思考です。

先日、薄着のまま子どもたち2人と外出したのですが、寒くなってきて体をこすりながら縮こまっていたら、長男が「寒いから俺のジャージ着なよ。俺頑張れるから大丈夫」と渡してくれました。

私は心の中で、「あっ、息子がヒーローになりたいんだ！」と思い、素直に「ありがとう」と受け取ると、長男はとても喜んでくれました。

お母さんの役割のままでいると、「大丈夫だよ、寒いから着てなさい」と男の子を子ども扱いしてしまいますが、男の子は子どもでも立派なヒーロー思考なのです。

もちろん、親子であることはこれからも変わりませんが、自我が確立して、「俺がやるよ」といったものは全部任せてみましょう。

そして、やってくれたことを大袈裟に喜ぶようにすると、子どもは楽しみながらどんどん家のことを手伝ってくれるようになります。

エネルギーバランスを整えて、願いを叶える力を取り戻す

ここからは、「メロメロ理論３〜６」にあたる、自分の男性性と女性性のエネルギーバランスの整え方について見ていきます。

ここまで繰り返し、男性性と女性性のエネルギーバランスを整えることが大事だとお伝えしていますが、バランスがいいと、不安や不満がない状態になります。

そして、バランスというのは決してどちらかが弱いからどちらかを強くしなければいけない、といったことではありません。

男性性が強めでも、女性性が強めでも、エネルギーバランスがいい人は心地いい状態でいられます。

たとえば、ガソリンが少なめでも長い距離を走れる燃費のいい車もあれば、スポーツカーのように強力なエンジンでガソリンをたくさん必要とする車もありますよね。

エンジンとガソリンが負担なく循環できるバランスであることが大切です。

私たちは日常的に、男性性で判断している時と女性性で判断している時があります。**行動を起こして成功や達成などの体験をしてみたい時は男性性で判断し、楽しい、悲しいなど感覚重視になっている時は女性性で判断しています。**

男性性と女性性のバランスがいいと、たとえば、「海外旅行をして、自分にワクワクの体験をさせてあげたい」と女性性が高まった時に、「よし、行けるように頑張ろう！」と男性性が女性性の欲求を認めます。

男性性は、旅行資金を貯めるために仕事を頑張ったり、スケジュールを調整したり、飛行機やホテルの予約を取ったりして力を発揮し、女性性は「私のためにありがとう！」と男性性の頑張りを応援します。その結果、海外旅行が現実となります。

このように、エネルギーバランスがいいと、女性性で判断したことに対して男性性がサポートに入るようになったり、男性性で判断したことに対して女性性がサポートに入るようになったりします。

ところが、エネルギーバランスが悪いと、「海外旅行をしたい」という女性性の思いを受けて男性性が行動しようと思っても、女性性が「やっぱり無理かも」「なんかめんどくさい」など、頑張ろうとする男性性の足を引っぱりはじめます。

その結果、男性性はやる気がなくなって海外旅行を実現させるための行動をやめてしまうので、女性性の願いは現実にならないという結果になります。

今の話は、普通の男女の会話のように聞こえるかもしれませんが、すべて自分の中で起こっている会話です。

自分の願いをどんどん叶えられる人は、男性性と女性性のエネルギーバランスが整っていて、願いが叶わない人は、男性性と女性性が不仲な状態。まさに、自分の内側でハラスメントが起こっているのです。

49ページのチェックリストで、あなたの男性性と女性性は、どのような状態でしたか？　まずは男性性と女性性の仲直りからはじめましょう。

自分の反応でわかる暴走気味のエネルギー

男性性が暴走している人と、女性性が暴走している人では反応が変わります。

たとえば、男性とつい戦ってしまう、男性に勝ちたいと思ってしまう、自分に非があっても絶対に「ごめんね」と謝れない、と感じるなら男性性が暴走しています。

男性性が強すぎると、**男性性の特徴でもある、正しいか間違っているか、という正誤・優劣でいつも戦ってしまいます。**

また、**自分の女性性が男性性を認めていないので、素直に外側の男性を認められないのです。**いうなれば、「もっと頑張れるでしょ」「まだできるんじゃない?」「まだやれることはあるはず」と、自分の女性性が四六時中、自分の男性性のお尻を叩いている状態。

女性性に認めてもらえていない内側の男性性は不満だらけなので、外側の男性を認めることができず、勝とうとしてしまうのです。

極端に男性性が暴走すると、仕事はできるけれど、上から目線で攻撃的、かわいげがなく、周りの男性陣からも疎まれる「頑張り系キャリア女子」のような状態に。男性性が暴走している人は、「こうしてみたい」「あれがほしい」という女性性の欲求を認めず、「こうしなければいけない」「ああすべき」といった効率性・合理的なことを重視します。自分の気持ちを抑圧しているので不満が多く、常に攻撃的なエネルギーが出ています。

男性性が強めでも、女性性を認めていれば、また話は違います。たとえば、男性的で仕事もバリバリできるけれど、「姉御肌」と呼ばれるような男女から慕われるタイプの女性もいますよね。

これは男性性と女性性のパワーバランスがいい状態。楽しい、幸せ、悲しい、嫌だなどの感覚（女性性）を認めているので、男性性も健全に発揮できるのです。

一方、女性性が暴走している人は、恋愛でこじらせ女子になりがち。「受け入れてほしい」という欲求が極端に強いので、どれだけ愛されても、ザルから抜け落ちるように愛を受け取ることができず、すぐ不安になります。

そのため、彼にわざとほかの男性にいい寄られた話をして彼の気持ちを試そうとしたり、彼が仕事で忙しくてなかなかデートができないと拗ねたりしがち。

極端に女性性が暴走しすぎると、たとえばホストクラブに入り浸って、ホスト狂いになったりすることも。自分で自分の価値を認めることができないので、お金を払って自分を受け入れてくれる人にのめり込むようになります。

同じ出来事が起こっても、とらえ方は真逆

男性性が暴走気味の女子は、なんでもこなしてしまう能力が高いため、マイペースな男性に不満を抱きがちです。そのため、彼に素直に甘えられない、ダメ出しが多い、相談せず事後報告するといった恋愛パターンが特徴です。

一方、女性性が暴走気味の女子は不器用なため社会的評価が低いことが多く、自分にバツをつけがち。ダメな自分が彼に好かれているわけがないという思いから、男性にどう思われているかが気になり常に不安になります。

そのため、彼に送ったラインに既読がついているのか何度も見てしまう、彼が忙し

いと拗ねる、彼の役に立たないと捨てられるのではないかと不安になる、といった恋愛パターンに陥りやすいといえるでしょう。

次に、同じ出来事に対する反応を、男性性が暴走気味の女子と女性性が暴走気味の女子で比較してみます。

・彼から連絡がこない時

男性性が暴走気味の女子：「いくら忙しくても連絡のひとつくらいできるでしょ？　なんで連絡くれないの!!」

女性性が暴走気味の女子：「彼は私のことももう好きじゃないのかな……」

・男の人と食事をしたら割り勘だった時

男性性が暴走気味の女子：「なんで、割り勘しなきゃいけないの？　男なんだから女に奢《おご》って当然じゃない!?　ケチ！」

女性性が暴走気味の女子：「やっぱり私は女性として見られていないのかな……」

・彼が自分の親友と仲良くしている時

男性性が暴走気味の女子：「私の親友と仲良くするなんて、どういうつもり？　許せない！」

女性性が暴走気味の女子：「親友のこと好きなのかな。もう私のことなんて、どうでもよくなっちゃったのかも……」

あなたはどちらの反応になりますか？　男性性と女性性のバランスを見つめ直して、エネルギーバランスを整えていきましょう。

男性性が癒される過ごし方とは？

恋愛がめんどくさく感じる……こんな感覚があるなら、男性性が強すぎる証拠です。本来、パートナーは自分の理解者なので、恋愛をすると仕事もパワフルになるはずですが、男性性が強すぎるとパートナーが理解者だと思えず、仕事の邪魔になると思ってしまうのです。

このような状態の時は、確実にオーバータスク。現代は男性と同じように仕事をする女性も増えていますし、さらに結婚すれば、妻として、母としてなど役割も増えることから、どうしても男性性が頑張りすぎてしまうもの。

女性性は「今、休みたい」「もう少しゆっくりしたい」という声をあげているのに、止まることを知らない男性性に、疲弊状態というわけです。

思考ではまだまだいけると思っていても、疲弊していると感じるなら、休むことが大切です。

「休むことが大切」だと聞くと、「休日は昼くらいまで寝ています」とか「風邪をひいて昨日もお休みしました」という人もいますが、**私のいう「休む」とは、仕事ができる時にしないことです。**

身も心も健康で、お仕事がバリバリにできる時に休むということです。

休む時は、何をしてもいいんです。映画を観てもいいし、おいしいものを食べに行ってもいい。

要は、**評価を得たりお金を稼いだりなど、目的達成に直接関係のない生産性のないことを、元気な時にするのです。**

男性性は、仕事をいつまでに仕上げなければいけない、頼まれていることをやらないといけないなど、「与える」ことに必死になっています。

だからこそ、いったんお休みをして、生産性のないことをする自分を許していきましょう。すると、常に生産性のあることに追われている男性性が癒されていきます。

同時に、お金を稼ぐことが人生で最優先になっていたり、自分でないとできないと思い込んで背負い込みすぎていた自分に気づけたりします。

その結果、今まで抱えていた仕事を誰かに振ることができたりして、心に余裕が生まれてきます。隙間なしの人生に余白をあけることで、頑張りすぎて止まれなくなっていた男性性が癒されていくのです。

無駄な時間を許すと生産性が上がる

やることが山積みの時に無駄な時間を作ったら、あとで切羽詰まるのではないか、と不安になる人もいるでしょう。でも実際は、無駄な時間を作ったほうが生産性は上がります。

これはやってみた人にしかわからないのですが、**無駄な時間を自分に許し、心に余裕ができることで集中できてスピードが上がったり、仕事をやってくれる誰かが現れたり、納期が延びたりするなど、必ず帳尻が合うようになるのです。**

旅行好きの知人女性は、３年前は仕事三昧で、旅行は1年に1、２回しか行けませんでした。でも、忙しくても旅行することを自分に許し、どんどん旅行のスケジュールを入れるようにしたところ、今は月に1〜2回は旅行をしているにもかかわらず、３年前と比べて売り上げが増えているそうです。

私は、8月は仕事を入れないようにしています。子どもの夏休み期間中は、思い切り子どもたちと遊べるように、基本、人と会う仕事は入れません。

また、1カ月のスケジュールで「休みの日」を先に確保して、そこに好きなことを入れています。

私はテーマパークが大好きなので、東京ディズニーリゾートかユニバーサル・スタジオ・ジャパンに行くことが多いのですが、無駄な時間を作るほどアイデアが浮かんで売り上げが伸びる、といううれしい現実になっています。

やりたくないことをやめて不機嫌を止める

男性にとって女性の不機嫌はもっとも嫌うものですが、実は無意識に自己犠牲をして不機嫌になっている女性も多いでしょう。

特に、女性は結婚して子どもが生まれると「お母さん業」という役割が増えますよね。ご飯作り、買い物、掃除、洗濯など、こなして当然とされるお母さん業ですが、やるのが当たり前だと思い込んでやり続けていると、知らず知らずのうちに自己犠牲をしてしまいがちです。

ある受講生は、役割を背負い込みすぎていたので、まず「やりたくないことをやらないこと」を頑張ってもらいました。

すると、洗濯以外の家事は好きではないことに気づいたので、料理はご主人に頼んだり、ご飯とお味噌汁と納豆だけでもオッケーの日を作ったり、掃除はロボット掃除機に任せたりなどして、手を抜けるところは抜きながら自分のスタイルを作っていきました。

こうして、女性性の声を聞いて叶えることに取り組み、お母さん業をほとんど手放したところ、旦那さんとの関係が風通しのいいものに変わったそうです。

やりたくないことをやめて、パートナーに「どうしてほしいか」を伝えるようにしたら、パートナーへのトゲトゲしい態度や言葉遣いがなくなり、柔らかい態度に変化したという報告はたくさん耳にしています。

また、拗ねることをやめて、自分がしてほしいことを喜びのエネルギーでリクエストすることができるようになると、パートナーだけでなく、家族とのコミュニケーションも改善されていきます。

ある受講生は、家族にやってほしいことをリクエストする練習をしていったところ、反抗期真っ盛りだった高校生の息子さんが、お料理、掃除、洗濯、食器洗いをしてくれるようになった上に、時々、お母さんの好きなスイーツを買ってきてくれるようになったそうです。

男性は、女性の「こうしてほしい」という願いを叶えたいのです。**拗ねるよりも、自分の思いを伝えることで、男性は女性を幸せにしたいと動いてくれるのです。**

そして、その喜びこそが男性の幸せです。

あなたは今、日常でどんな役割を背負っていますか？　自己犠牲のもとで関係性を成立させていることは、どんどん手放していきましょう。

我慢ではなくて、喜びの中で人とのつながりを覚えること。それが自分を大切にすることにつながり、よいパートナーシップを育むことになるのです。

「受け入れる」と「受け止める」の違いを知り、甘えられる女性になる

「こうしてほしい」がいえず、甘えるのが苦手、お願いができないという女性も多いと思います。断られるのが怖いので、なんでも自分1人で背負ってしまうのです。

なぜ断られることが怖いのかというと、「断られる＝嫌われる」と思っているからです。

でも、「受け入れる」と「受け止める」の違いがわかっていれば、断られることは怖くありません。

受け入れるとは、相手の意見を自分の意見として採用すること、受け止めるとは相手の意見は他人の意見として認識すること。

断られることが怖い人は、なんでも「受け入れて」しまうので、たとえば「明日デートしたいな」と甘えて、「ごめん、明日忙しくて無理なんだ」と断られると、「彼は、私のことを好きじゃないのかも」と自己評価が下がってしまいます。

一方、断られても「受け止められる」人は、「そっか、彼は明日忙しいんだ。じゃあ、また今度ね」と思えるので、自己評価は下がりません。

相手の意見を受け止めて、承諾するのか、断るのか、その選択を自分でできる人は、自己評価は下がらないので、甘えたり、お願いしたりすることができます。

でも、なんでも受け入れてしまう人は、何かお願いされたら受け入れるしかない、と思ってしまうので、相手に迷惑がかかるかもしれない、嫌われるかもしれないと思うと、いいたいことをいえずに我慢してしまうのです。

男性は女性が素直に甘えてくれることがうれしい

受講生の多くが、男性に甘えられず頑張りすぎる傾向にありますが、私はみなさんに「自分が不快なことはしない」「相手に頼って甘える」ことを徹底するように伝えています。

ある方は、子どもが生まれてお世話にかかりきりになり、夫婦仲がギスギスしていたそうです。しかし、余裕のなさから旦那さんを頼って甘えていなかったことに気づき、とにかく自分で自分を幸せにしてご機嫌でいようと決め、旦那さんに甘えることを意識していきました。

たとえば、夜泣きで睡眠不足になり昼間に眠くなった時は、「眠いからお昼寝したい。その間、娘を見ておいてくれたら助かる〜」といってお昼寝。お昼寝から覚めたら、旦那さんに心から感謝を伝えたそうです。

こうして旦那さんに甘える努力を続けていたら、今では進んで家事をやってくれるように。仕事に出かける前の忙しい時間でも、子育て中の彼女が楽できるようにお風呂掃除をしてくれたりなど、とても気がきく旦那さんになったそうです。

男性は女性に甘えられたらうれしいのです。

女性が甘えられるようになると、男性が尽くしてくれるようになり、まさにお姫様状態になれるのです。

欠乏感は男ではなく自分で満たす

白馬の王子様を待っていても、自分が変わらなければ永遠に現れないことは、「メロメロ理論6」でお伝えしましたが、中でも自分で自分を満たしておくことは大切です。

特に、こじらせ女子ほど、気がある相手にほかの男の話をわざと楽しそうに話してヤキモチを妬かせようとしがちですが、それは自分の中に欠乏感があるからです。

その欠乏感を埋めるために、相手にヤキモチを焼かせるような話をして「自分はどれくらい愛されているか」、自分の価値をはかってしまうのです。

でもそうすることで、男性は「この子は、俺じゃなくても満たされるんだ」と思い、心が離れていってしまいます。

男性は追いかけたい生き物ではありますが、**自分が与えたもので女性が満ちた顔を見たいから追いかけるのです。**

ほかの誰かによって満たされたり、注いでも注いでも女性が満ちない、となると、男性はしんどくなってしまいます。

ですので、自分を満たすことはとても大切ですが、男性と女性では、満たされ方が異なります。

「車」や「時計」にお金をかける男性は多いですが、それは、社会的評価やステイタスを得られた時に満たされたと感じるから。男性は、他者が高評価するものに囲まれることで安心感を得られる生き物です。

一方、女性はラグジュアリーな空間やかわいいものに触れた時に満たされた感じがしませんか？　女性は他者の評価は関係なく、自分が心地よいと感じるもので満たされた感覚になれます。

つまり、**自分で自分を満たすことができるのが女性です**。

以前の私は、自分で自分を満たすことができませんでした。当時、旦那さんがほしいというものは高額なものでも貯金してプレゼントできるのに、自分には５００円のお花も買ってあげられなかったのです。

自分に与えるということを知らなかったので、常に欠乏感があり、それを男性に埋めてもらおうとして、おかしなことになっていました。

幸せなパートナーシップを築きたいなら、**自分で自分を満たす力を高めておくことは最低条件**。常に男性がエネルギーを注ぎ込める準備をしておきましょう。

自分で自分を満たすといっても、些細なことでいいのです。たとえば、ドーナッツ屋さんでいつもは1個しか買わないけれど、気になっているドーナッツがあったら全部買ってみたり、最近リップを買ったけれど、ほかにも気になる色のリップを見つけたらそれも買ってみたりなど。

とにかく**自分のやりたいことを自分で叶えて、自分で自分を満足させてください**。

男性に自分の不足感を満たしてもらうのではなく、まずは自分で満たしましょう。趣味に夢中になってもいいし、友達との時間やお仕事を楽しんでもいいし、自分自身で満ちることができる女になってください。

いつもご機嫌な女になることで、自然と男性が追いかけたくなってしまうのです。

メロメロワーク

男性性と女性性のエネルギーバランスを整える

自分の男性性と女性性のエネルギーバランスを整えていきましょう。日々の生活の中で実践しながら、変化を感じていけるワークです。

① 自分褒め褒めワーク

男性性とは行動力、つまり「やったこと」はすべて男性性のおかげです。でも、エネルギーバランスが乱れていると、女性性は男性性の頑張りを無視して、結果ばかりに目を向けたり、一方的に欲求ばかりを伝えている状態。

まずは、男性性がやったことを認めていきましょう。自分が自分にやっていることを客観視して、やったことに対して「えらいね」「よく頑張ってるよ」と褒めてください。「こんなことまで褒めるの？」というくらい些細なことまで、自分にいい続けていくことで、褒められた男性性は自信を取り戻していきます。

(例)

「朝、ちゃんと起きられてえらいね」

「仕事に集中して、すごいね」

「疲れているのに、家族のために料理を作って頑張ったね」

「体調を優先してお休みできて、えらいよ」など。

② 女性性の願いを叶える

男性性を褒めて少しずつバランスが改善してきたら、次は女性性の願いを叶えるワークを実践してみましょう。

女性性の願いとは、自分の中で湧いてくる「これしたい」「あれしたい」という欲求のこと。

この願いは、「男性性強め女子」か「女性性強め女子」で少し変わります。そこで、「男性性強め女子」と「女性性強め女子」に分けて、女性性の願いを叶えるワークを作ってみました。49ページで自分がどちらのタイプかを見極めて、トライしてみてください。どちらにも当てはまる複合タイプの方は、どちらのワークも実践してみるのがおすすめです。

【男性性強め女子の場合】

男性性強め女子の方は、常に合理的判断で動いていて無駄を許せないので、目的達成につながらない自分の欲求を叶えていきましょう。

（例）

- 食べたいものを食べる
- 食べたくないものを食べない
- 行きたい時にトイレに行く
- 食べたいコンビニスイーツを全部買う
- やる気が起きない時は休憩する
- 今日やるべき分が終わらなくても、眠かったら寝る
- 1日何もしないぼーっとした日を作る……など。

【女性性強め女子の場合】

女性性強め女子の方は、常に不安になりやすい傾向にあり、不安から無理にスケジュールを埋めたり、本当はやりたくないことをやったりなど、不安の穴埋めにいろいろと手を出してしまいがち。

不安解消のためではなく、自分を喜ばせることをしていきましょう。不安になったらまずは立ち止まって落ち着いて。そして、楽しんで過ごす習慣をつけてください。

（例）

- ずっと見たかった映画を1人で観に行く
- 気になっていたカフェで好きな本を読む
- 今日の目標を決めて実行する
- 携帯を触らず1人で楽しく過ごす
- 夜寝る前に、今日できたことを書き出す
- 深呼吸をして落ち着く癖をつける……など。

第4章

こじらせ女子から卒業する「メロメロ理論」の応用編

尽くす女はダメンズを作る

本章では「メロメロ理論7」を掘り下げていきます。男女間のいざこざを解決するために、どのようにメロメロ理論を使えばいいのかをお伝えしていきます。

まずは、こじらせ女子が一番やってしまう「尽くす女」。

彼ができると、料理をしたり、掃除をしたり、サプライズをしたりなど、彼の世話を焼いてかいがいしく尽くしてしまってはいませんか？

尽くす女はいい女、というイメージがあるかもしれませんが、エネルギー的に見ると、**尽くすとは何かを「する」ことなので男性性エネルギー。**

本来、男性の喜びは「女性に与えて、ヒーローになること」ですが、尽くす女性は男性に与えてしまうので、ヒーローになるという男性の喜びが奪われてしまうのです。

その結果、その女性を愛せなくなってしまうのです。

しかも、**尽くすことで、男性の力そのものも奪ってしまいます。**

尽くすとは、相手にしてあげることで相手の行動を抑制して止めてしまうこと。結果、男性のエネルギーが落ちていくのです。

女性の中には「母性」があるので、つい相手に何かをやってあげたくなってしまうのですが、本当の母性から出た行動とは見返りを求めないものです。たとえば、赤ちゃんのお世話をするお母さんは、赤ちゃんから何かしてもらおうとは思いませんよね。それくらい見返りを求めない意識から発動される行動ならいいのですが、パートナーに対してその境地に行き着くのは、実際には難しいもの。尽くしてしまう人のほとんどが、何かしらの見返りを求めています。

見返りを求めるエネルギーは、相手をコントロールしようとするエネルギーです。そのエネルギーを感じた男性は、逃げたくなってしまうのです。

母性は、子ども以外には発動しなくてもいいのです。

「こんなにやってるのに、愛してくれない」という言葉が出るなら、やりたくてやっているわけではなくて、愛されたくてやっているのです。

尽くさなくなったら、尽くしてくれる旦那さんに変化

受講生の中に、こんな方がいました。

結婚当初は、家のことをなんでもやってくれた旦那さんでしたが、自分が何もしていない罪悪感から、「私がやるからいいよ」と旦那さんがやってくれることを、はねのけてしまったそうです。

すると、いつのまにか旦那さんは何もやらなくなってしまい、夫婦仲は冷え切っていきました。

しかし、講座を受講してなぜパートナーシップが悪くなったのか、その原因を理解した彼女は、今までならば自分でやってしまったほうが早いからと済ませていたことを、あえて旦那さんにお願いするようにしました。

たとえば、必要な食材を買い忘れてしまった時に自分で買いに行くのではなく、仕事の帰りに買ってきてほしい、とお願いするなど。

そうして、少しずつ旦那さんに家事を頼み、してくれたことを喜ぶようにしていったら、旦那さんがどんどん優しくなってきて、今では洗い物を進んでやってくれたり、

料理を積極的にしてくれたりするようになったそうです。

さらには、彼女が使っていいお金の上限もアップ！　家族のクレジットカードを使用して大きな金額のものを購入しても、金額や用途にはほとんど触れられなくなりました。女性が尽くさなくなることで、本来の優しい旦那さんに戻り、幸せなパートナーシップが復活した例です。

この例からもわかるように、尽くせば相手から何か返ってくるように思うのは幻想です。**尽くさないほうが与えられ、愛されるようになる**のです。

それを知らないと、**女性は尽くせば尽くすほど、男性は女性に与える機会を失い、与えてもらえない女性は不機嫌になり、その結果、男性は女性から女性性エネルギーをもらえなくなり……そんな負のループによって、どんどん男性はダメンズになってしまうのです。**

女性の役割は尽くすことではなく「喜ぶこと」。それを間違えないでくださいね。

不倫男の本音の見分け方

つらく、苦しい現実も多い不倫なのに、**なぜ不倫がなくならないかというと、男性は自分で生成できる女性性エネルギー量が少ないので、女性のもとへ補いに行くからです。**

本来、社会で頑張っている男性は、家に帰って奥さんから女性性エネルギーを補給することで、それをガソリンにし、また「頑張る」というエネルギー循環ができるようになっています。

恋人同士だった時は、男女のエネルギー循環ができていたカップルも、結婚して女性が「妻」や「母」という役割を担うようになると、女性は家の中でも男性性エネルギーをまとい出し、イライラしはじめます。

「もっと家事に協力してほしいのに……」「あなたは飲みに行けていいよね！　私は子育てがあるから行けない。女って損だ」などの思いが湧き出てきて、家では始終不機嫌に。

そんな状態では男性も疲れてしまうので、「休みたい」「楽しみたい」という女性性エネルギーを解放する場が必要になります。そこで休日にゴロゴロしたり、ゴルフに行ったりするのですが、奥さんがそれを快く思わないと、男性は自分の女性性エネルギーを解放するため、また女性性エネルギーをもらうために、そういう場を探しに行くことになるのです。

一方で、世間的に「いい旦那さん」といわれる人ほど、妻の前で「父」「夫」としての理想像を演じようと、家でも男性性エネルギーのまま頑張ってしまい、疲れてしまうこともあります。

そこで出てくるのが、不倫相手です。「俺だって休みたい」「本当は甘えたい」「頑張ったから褒めてほしい」という欲求を認めてくれる女性です。

与えなくても「何者でもない自分」を認めてくれてヒーロー扱いしてくれる女性のところへ行き、疲れたエンジンをメンテナンスしながらガソリンを補ってもらうことで、また外の世界で頑張れるように自分を調整しているのです。

不倫する男の本心は「不倫相手に甘えられるから家庭がうまくいく」というわけです。

悲しいけれど、男性が家庭内で旦那さんとして、または、お父さんとしてかっこよく立ち振る舞うために、不倫相手が必要な男性もいるのです。

不倫の恋に陥る女の特徴

もし、あなたがいつも既婚男性ばかりと恋に落ちてしまうなら、一番やってはいけない「尽くす女」をしているかもしれません。

不倫を繰り返す女性は「もう、しょうがないんだから」と母親モードで男性を甘やかし、「私のところでリラックスしていってね」とかいがいしく世話を焼き続けるので、男性はこの女性に「与える」ということをしなくなっていくのです。

悪いいい方をすると、**男性はこの女性を利用して自分の女性性エネルギーを解放し、家庭で奥さんに与える活力を得ている、ともいえます。**

本当にそうなのかを確かめたいなら、彼に自分の女性性の願いを投げかけてみてください。たとえば、「日曜日もうちに来てほしいな」「今度、長期休暇に旅行したいな」など、あなたのリクエストを優先して考えてくれる男性なら、その関係は成就する可能性があります。彼があなたのリクエストを叶えようとしてくれるかどうかで、男性の本音がわかります。

ちなみに、女性が不倫というポジションに納得しているなら、女性にとって許せる不倫というのもあります。

それは、男性側のエネルギーがパワフルで、男性性を持て余していている既婚男性と恋愛になった場合です。その男性は奥さんも彼女も両方幸せにできるので、いわゆる「大切にされる愛人」に近いですね。

この場合、結婚する、しないという問題を度外視して、エネルギーだけで見れば、男性は女性に与え、女性はそれを喜んで受け取ることで満たされるので、幸せな恋愛になります。

奥さん公認であれば、世間からどう思われようがひとつの幸せの形です。

「サレ妻」から脱出するためにやるべきこと

先ほどは、不倫している側の視点からお話ししましたが、男性が不倫に走るなら、不倫されている妻、いわゆる「サレ妻」も怒り、悲しみ、悔しさなどさまざまな感情が湧き出てくるものです。

そもそもなぜサレ妻になったのかというと、先ほども話したように、結婚して妻や母という役割を持つことで男性性エネルギーが優位になりすぎて、旦那さんが欲している女性性エネルギーを渡せなくなってしまったからです。

結婚して頑張りすぎて、心の余裕がなくなっているのです。

旦那さんともう一度円満な夫婦を目指したいと思うのであれば、やることはひとつしかありません。

それは「**役割**」**をおりる**ということ。つまり、**旦那さんの前で、お母さんでも奥さ**

んでもない、何者でもない自分でいる時間を自分に許すのです。

家庭に入ると、どうしても家事や子育てをしなければいけなくなりますが、四六時中、役割の自分でいるのではなく、家の中にいても役割をおりることが大事です。

たとえば、忙しいなら、「今日は疲れたから、ご飯、外食したい」「今日はゆっくりしたいから、夕飯、ピザにしたよ」など。

できれば最低3分の1は、旦那さんの前でありのままの自分でいる時間を作ってください。女性が不機嫌でいることがもっとも苦痛な男性にとって、ご飯を外食や宅配にすることで妻がご機嫌でいるなら、いくらでもウエルカムなのです。

自分が家事や子育てに追われてイライラしているなら、そこからいったんおりて、**目の前にいる旦那さんに女性性の欲求をリクエストしてみましょう。**

男性は女性の欲求に応えたいと思う生き物なので、家に帰りたくなるのです。

その代わり、関係を修復すると決めたら、相手を否定することはやめて、不倫していることにはいっさい触れないこと。「お給料足りないから、私バイトしなきゃ」「また、女のところにいくの？」などの言葉は厳禁です。

旦那さんが働いてお金を家に入れてくれていること、家族のために頑張ってくれていることをねぎらい、「うれしい」「ありがとう」「楽しい」「幸せ」といった女性性エネルギーを旦那さんに投げ続けてください。

すると、旦那さんは不倫している女性から女性性エネルギーをもらう必要がなくなるので、家に戻ってくる事例が多発していきます。男性は自分を認めて、与えたものを受け取ってくれる女性のところに１００％ついてくるのです。

ただし、この方法をもってしても、不倫をやめないなら、その男性は早く手放して自分を大切にしたほうがいいと思います。

女性が不倫したくなる時とは？

世の中には、不倫する既婚女性もたくさんいます。

女性が不倫する理由はいろいろですが、よくあるのは、旦那さんが自分の設定した理想通りの王子様ではないから。

プリンセス思考の女性は、いつでもお姫様のように扱ってほしいのです。でも、自分の欲求に対して応えてくれないパートナーだと力不足に感じ、「私はそんな扱いを受ける女じゃない」と、自分の欲求を叶えてくれる人を探したくなるのです。そもそも、プリンセス思考の女性は、パートナー以外の王子様を見つけて補充しようとするので、外側に王子様役を見つけると、そう扱ってくれる人を追いかけたくなるのです。

たとえば、子どもが通う保育園で、家族参加のバーベキュー大会を開くことになったとします。

自分の旦那さんは無口で子どもとあまり遊ばないタイプの場合、子どもに優しくて社交的なほかの家のお父さんを見ると、「うちの旦那もあんなふうならよかったのに」と不満が湧き出て、蛙化《かえるか》現象のように、旦那さんにかかっていた王子様の魔法がとけてしまいます。そして、旦那さんではなく、外側に王子様役を見つけようとするのです。

本当は自分の男性性と女性性を整えて旦那さんとエネルギーを循環させることで、旦那さんはあなたの望みをなんでも叶える王子様になるのですが、そこに気づけないと、「私」というお姫様を感じたいために、ときめきを与えてくれる人を好きになってしまうのです。

復縁を成功させる唯一の方法

別れた彼が忘れられない、もう一度つき合いたい……と「復縁」を願う女性も多いのですが、復縁したい人がやれることは1つしかありません。

それは、自分に集中して魅力的な女性になること。つまり、**男性性と女性性のパワーバランスが取れた女性になる**ことです。

自分を見直し、彼への執着を外した上で、たとえば趣味に没頭して楽しそうに生きてみたり、チャレンジしてみたかったことをはじめてみたり、メイクやファッションが好きなら自分の気分が上がるものを身につけて、楽しい気分で毎日を過ごすようにしてみたりなど。

「こんな私とつき合えないともったいない」と思うくらい、魅力的な女性になるしか方法はありません。

こうして、自分に集中していると、魂のパートナーであれば、相手から連絡がくるという不思議なことが起こったりします。

復縁において一番やってはいけないのは、彼を追いかけることです。

復縁に限らず、恋愛全般にもいえることですが、男の人が自分に何を与えてくれるのかではなく、与えたいと思われる存在になることが大切です。つき合うかどうか、それを男性に委ねるのではなく、自分が選ぶということ。

あなた自身が魅力的な女性になっていない状態で追いかけたら、もう二度と復縁するチャンスはないと思ったほうがいいでしょう。

ちなみに、魅力的な女性になるというと、整形やメイク、髪型など、外見を変えて、中身を変えない人も多いのですが、男性が長くパートナーシップを育みたいと思う女性は、外見がかわいい女性より、内面が整っている女性です。

外見だけかわいい女性は、男性にとって手に入れたい女性になるかもしれませんが、内面がかわいい女性は、男にとって手放したくない女性になるのです。

もちろん、内面が整っていて外見もよければ最強ですが、外見を変えるなら内側もセットで変える覚悟が必要です。

男性に好かれるために変えるのではなく、自分を磨き、幸せに生きるために変えることで、はじめて男性にとって手放したくない女性になるのです。

女性が復縁したがる本当の理由

復縁に執着する理由をエネルギーの観点から見ると、その相手と一緒にいた楽しかった記憶の中の自分にもう一度会いたいからです。

つまり、その相手と一緒にいたいというよりも、一緒にいた時の楽しかった時間をもう一度自分の人生で体験したいのです。

復縁とはその相手に執着しているというよりも、楽しかった体験をした自分に執着しているといえるのかもしれません。

そうだとしたら、その体験をさせてくれる人がこれから現れるなら、復縁したい相手ではなくてもいいと思いませんか？

実際、復縁したい相手とは合わなかった部分があったからお別れしたわけです。

お別れしたあとに、あなたが魅力的になる努力をしていれば、元彼との合わなかった部分が除かれて、あなたの望む体験をさせてくれる完璧な男性と宇宙は引き合わせてくれます。

これが「LOVEエネルギー論」による宇宙のマッチングです。

復縁を望むのが悪いことではありませんが、「エネルギー論」からいえば、あなたが喜びに満ちた人生を送るための鍵を持っている次なる男性が待っています。

ツインレイにこだわる時点で、幸せなパートナーシップは育めない

魂の片割れといわれるツインレイと出会いたい、今の彼はツインレイかどうかが気になるという女性が増えていますが、「LOVEエネルギー論」の視点からいうと、ツインレイにこだわる限り、幸せな恋愛は育めません。

その考えは、目の前の人を大切にしようとしているのではなく、相手がツインレイかどうかを確かめたいと思っているからです。

パートナーシップとは、目の前の人とお互いの幸せを2人で築いていくことなのに、

誰かに「彼はツインレイではありませんよ」といわれたら、パートナーに興味がなくなるようなマインドでは、目の前の人は置いてきぼりになってしまうことに気づいてください。

パートナーシップとは、自分と目の前の人を大切にしていくことです。目の前の人を大切にできなければ、自分も大切にされません。

その人がツインレイかどうかにこだわるよりも、目の前の人と幸せを育むプロセスを楽しみながら、結果ツインレイだったらいい、それくらいの気持ちで相手と向き合うほうが、幸せなパートナーシップを育めます。

女性が輝き出すと不満を持つ、男性の心理構造

女性が社会で輝き出すと、男性が足を引っ張り出す場合もあります。

たとえば、専業主婦だったけれどやってみたいことにチャレンジしたら結果も出て、これからもっと頑張ろうとワクワクしている時に、「そんなに働いたら、子どもの世話はどうするの？」など、水をさしてくるような旦那さんもいるでしょう。

本来なら、奥さんの活躍に対して「頑張ってみなよ！」と応援できたらいいのですが、旦那さんの男性性が未熟だと、社会的成功や地位の獲得が自分だけのものではなくなる気がして、いい気がしないのです。

この状態を解決するには、旦那さんも趣味に時間を割いたり、何もせず休んでみたり、自由に楽しく過ごす時間を確保したりして、「こうしたい」「ああしたい」という自分の女性性を認めていくこと。

また女性は自分の社会的活躍とは関係なく、家族のために働いてくれていることや、

家事をしたり、子どもの面倒を見たりしてくれている旦那さんの男性性の部分を認めてねぎらいましょう。

そうしないと、奥さんの活躍を疎ましく感じてしまい、パートナーシップはうまくいかなくなってしまいます。

でもこれはエネルギーの法則から見ると仕方のないこと。片方が成長したら、もう片方も成長しない限り、お別れすることになります。

今は時代も変わり、女性がバリバリ働いて男性が主夫をするスタイルもあれば、コロナ禍を経て、男性も在宅勤務で家にいるようになり、家のことは夫婦で分担するようなスタイルも特別ではなくなってきましたよね。

それでも、まだ「男は外で仕事をして、女は家で家事や子育てをする」という昭和的な価値観は横行していますから、女性の活躍を心から応援できない男性も少なくはないでしょう。

幸せなパートナーシップは、お互いの「ひとりひとと宇宙」をそのまま認め合う関係です。どちらかが我慢する関係は、卒業していきましょう。

女性性の欲求に気づくと、パートナーへの怒りは減っていく

夫婦仲が悪く、経済的に自立できるならば離婚したい、と思っている女性もたくさんいると思います。

受講生のCさんも、そんな1人でした。彼女は看護師さんである程度の収入はありましたが、旦那さんの仕事が安定せず、経済的に不安定な状態。

それなのに、趣味にお金を使い、お金がなくなると頼ってくる旦那さんへの怒りがおさまらず、離婚したいと強く思っていました。

そんなCさんがまずやったことは、疲れている時は家事をしない、旦那さんにやってほしいことを伝えるなど、自分の欲求を叶えてあげること。無意識に1人で背負い込んで頑張りすぎてきた自分に気づき、我慢していることを一つひとつ手放す練習をしていきました。

すると、口もききたくなかった旦那さんとの間に少しずつ会話が戻り、笑って話せ

るように。旦那さんが家事をやってくれるようになり、感謝とともに旦那さんに「ありがとう」がいえるようになったそうです。

正確さ、効率的であること、結果を出すことばかりにフォーカスしていたCさんは、虐《しい》げてきた女性性の欲求に気づくようになったことで、旦那さんへの怒りも減っていきました。

パートナーシップが悪いと相手のせいにしがちですが、それはすべて内側の投影。自分の男性性と女性性が仲よくなると、驚くほどパートナーとの関係もよくなっていくのです。

パートナーは自分の欠けている部分を刺激してくれる人

この話には、もうひとつポイントがあります。

それは、旦那さんは、Cさんが本来の自分に戻るために欠けている部分を見せてくれていたということ。

Cさんの欠けている部分とは、女性性の願いを聞いて、男性性が叶えるということです。こうしたいという思いよりも男性性の判断が先行するCさんにとって、趣味にお金を使い、なくなると頼ってくる旦那さんは、頼りなく見えたでしょう。

しかし、趣味という女性性の願いを優先し、そこにお金をかけて願いを叶えるという男性性のサポートを素直にやっていたのが旦那さんだったのです。

旦那さんは、Cさんにとって人生の喜びを見せてくれるお手本だったのです。

まさに、パートナーとは、自分の欠けている部分を見せてくれて、そこに気づき、本来の自分に戻してくれる相手なのです。

自分の「ひとりひと宇宙」を確立するためにズレている分だけ、そこを刺激してくれる相手に、なぜか惹かれてしまうようになっているのです。


パートナーは、あなたが幸福で豊かで至福の流れに乗るために不要なものを教えてくれている人です。

目の前の人とクリエーションしている望まない現実こそが、本来の自分に戻るための鍵だとわかると、パートナーシップの課題を乗り越えてみようと思いませんか？

本来の自分に戻るための鍵を持つパートナー

相手は
「女性性の願いを男性性が叶え、
それを受け取る喜び」
を見せてくれる人

相手は
「男性性の与える喜び」
を見せてくれている人

パートナーにイライラするのは、本来の自分に戻るための必要な部分を見せられている時。望まない現実のように見えていても、そこに良好なパートナーシップを育む鍵が隠されている。

女性のためにお金を使うことは、男性の喜びであると気づく

ある女性の方から、こんな話を聞きました。

「私がつき合う人は、なぜかみんな働かなくなり、お金がなくなっていくんです。元旦那さんも、結婚した当時は会社の中で出世頭でしたが、しばらくしてリストラされました。それからはまともに働かなくなり、私が大黒柱になって頑張っています」

このように、つき合った男性の稼ぎがどんどん減っていくなら、それは彼にあなたが喜ぶお金の使い方をさせてあげていないからです。つまり、「これ買ってほしい」「こんな体験したい」など、彼に自分の欲求をリクエストしていないということ。

男性は、女性のためにお金を使うことが喜びでもあるのです。それなのに、**女性が自分でお金を稼ぎ、自分でやりたいことを全部満たしてしまったら、男性は女性にお金を注ぐ理由がなくなってしまうので、お金を得る気が失せてしまうのです。**

もちろん、女性が稼ぐことはかまいませんが、彼にも稼いでほしいなら、稼ぐ女性ほど、あなたが喜びとともに体験したいことをリクエストして甘えること。そうしないと、エネルギー的に男性はお金を失うようになっています。

例外として、高級車や高級時計のコレクターなど、高価な趣味がある男性は、そこにお金を注ぎ込めるので女性からのリクエストがなくても頑張って稼ごうとしますが、そうでない限り、男性が女性の喜びのためにお金を使うチャンスを与えてあげないと、男性はお金の注ぎ先がないので、収入が上がらないのです。

男性に遠慮をしていいことは何もありません。男性にはどんどんリクエストして、やってくれたこと、与えてくれたことに「ありがとう」と笑顔で受け取ってくださいね。

うまくいくカップルは、男性が女性の好きなことをいっぱい知っている

あなたは、パートナーに自分は何が好きで、何が心地いいと思うのかをたくさん伝えていますか？

あとで詳しくお伝えしますが、男性は察する能力が低いので、彼女が何を好きなのかは教えてもらわないとわからないのです。

女性は「あれは嫌だ」「これは嫌だ」と嫌なことはいえても、好きなことはあまりいいません。男性は、女性が喜ぶ正解がわからないと困ってしまいます。

良好なパートナーシップを築きたいなら、「これが好き」をちゃんと言語化できる自分になっておくことが大事です。

うまくいくカップルは、彼が彼女の好きなことをいっぱい知っていて、それをしてもらった彼女が喜びます。

パートナーシップはこれが重要です。

いいパートナーシップを望むなら、外側に白馬の王子様を求めるのではなく、あなた自身が自分の好きなことをいっぱい知っている「取り扱いやすいお姫様」になってください。男性は女性の喜ぶことを女性に与えて、自分が彼女を喜ばせた、という瞬間がうれしいのです。

こじらせ女子は、「相手は何をしたら喜ぶだろう？」と、相手の顔色をうかがってしまいます。

私も以前は、パートナーは何をしたら喜ぶだろう、といつも相手のことばかり考えていました。自分は何が好きで、どうしてほしいかなど考えたこともなかったのです。結果、尽くせば尽くすほどパートナーは力を失っていきました。

大切なのは、**相手が何をしてほしいかを考えるのではなくて、自分が何をしてほしいのかを伝えること。**

伝えたことを与えてくれたら、笑顔で受け取るだけでいいのです。

男性がもっとも嫌う、女性の「もういいよ」

「新しくオープンしたお店に一緒に行こうね」と約束していたのに、彼は友達と先にそのお店に行ってしまい、その感想を楽しそうに話していたら、あなたはどんな気持ちになりますか？

「彼と一緒に行くのを楽しみにしていたのに、なんだか寂しい……」と思う人も多いでしょう。

その気持ちを素直に表現できればいいのですが、男性性と女性性のエネルギーバランスが悪いと、「もういいよ。どうせ私と行く気はなかったんでしょ」「友達と楽しくしてればいいじゃん」など、拗ねて不機嫌になってしまいます。

何度も繰り返しますが、男性が女性からほしいのは、喜びのエネルギーでしたね。

それと真逆のものが返ってくるわけですから、どんどん男性のエネルギーは縮小するばかり。

しかも、**女性に「もういいよ」と拗ねられると、男性は「あなたは役に立たない」という烙印《らくいん》を押されたような気持ちになってしまいます。**

男性はなんとかして女性の役に立ちたいと思っているのですが、「もういいよ」という言葉でその努力を拒否されると、自尊心を傷つけられてしまいます。

女性は拗ねて、相手の気を惹きたいと思うのかもしれませんが、これでは逆効果。

こういう時は、**「拗ねるってことは、本当はどうしてほしかったのか」が必ず心にあるはずですから、そこにフォーカスして、それを言葉にしていきましょう。**

「今度、私もそこに連れてって！」「楽しそうだね、早く行きたい！」、そんな女性のリクエストを、男性は叶えたいと思うのです。

男は察することができない

そもそもなぜ、こうしたボタンの掛け違いが起こるのかというと、男性は察するという能力が乏しいからです。

女性は、きっとこうしてほしいんだろうな、と先回りして相手の気持ちを察することができるのですが、男性はいわれないとわかりません。

たとえば、「洗濯物を干しておいてね」と旦那さんに頼んだら、雨が降ってきても洗濯物が外に干しっぱなしだった、という話を聞いたことがあります。女性は「なんで家の中に取り込んでくれないの？」と不機嫌になりますが、男性からするといわれた通りにしただけなのです。

それくらい男性とは、察することが難しい生き物。だからこそ、拗ねる自分に気づいたら、「本当はこうしたい」という気持ちにフォーカスしましょう。

そして、男性から受け取っていることにも気づいた上で、リクエストしていきましょう。

欲は表現して、執着は手放す

彼にラインをしたら、既読スルーのままなかなか返信がこない……と悩む女性は多いのですが、あなたならどうしますか？

不安になって何度も彼にラインをする人もいれば、返信してほしい気持ちをいっぱいに乗せた重いエネルギーのラインを1通送る人、不安すぎて電話をしてしまう人など、いろいろでしょう。

大好きな人ほど、愛されているという確証がほしいので、相手に自分の望む行動を取ってもらうために執着してしまいがちですが、相手はコントロールされたくないので、返信したくない気持ちになるのです。

それなら、我慢すればいいのかというと、そういう意味ではありません。自分の中から湧き出る「欲」は表現してオッケー。「返信がほしい」という欲を抑圧する必要はありません。

大切なのは、あなたの「彼と連絡を取りたい」という欲と、彼が連絡をしてきてくれるかどうかはまったく無関係だということに気づくこと。

自分の欲や願望と相手の行動は切り離して考えないと、相手は重いエネルギーを感じて離れていってしまいます。

本当に「ただ連絡ほしいな」という欲だけでそこにコントロールが乗っていなければ、男性は女性を満たしてあげたいと思う生き物なので、できる時に返信しようと思うはず。ですから、**自分の欲は表現するけれど執着は手放す**、というスタンスで相手と接するようにしましょう。

こじらせ女子と恋愛が上手な女子の違い

こじらせ女子と恋愛がうまくいく女子は、そもそも男性と関係を育むベースが違います。

こじらせ女子は「不安」がベースなのに対して、恋愛がうまくいく女子は「愛されている」がベースなのです。

「愛されている」がベースにあると、「彼は私で満たされている」「彼は私の好きなところも嫌いなところも含めて、愛してくれている」と思えるので、連絡がなくても余裕で構えていられます。

一方で、不安がベースにあると「彼に嫌われたのではないか」と思ってしまうので、重たいエネルギーで余計なことをしてしまうのです。

彼が返信をしてこない、ということは「今は返信したくない」か「返信できない状況」ということ。これが、男性の答えです。

私はいつも、潜在意識で許可しているものが現実に現れているとお伝えしていますが、相手の行動を見れば相手の気持ちを知ることは可能です。

彼から返信がこない時は、今は自分からできることはありません。連絡がくるまでほかのことで楽しんでいよう、と思うくらいでちょうどいいのです。

最適解はそれぞれ違う

パートナーと良好なパートナーシップを築くには、自分の望みを伝え、相手を受けとめるという、すり合わせ作業が欠かせません。

なぜなら、それぞれの最適解があるからです。誰もが「ひとりひと宇宙」を持っているように、相手と自分の観念は違って当たり前。どっちも正解なのに、自分の意見を押し通そうとするので摩擦が起こるのです。

だからこそ、「私はこうだけど、あなたはこうなんだね」と、それぞれの最適解をすり合わせながら、どうしたら心地よく生きていけるのかを探る作業は、パートナーシップにおいて必須です。

お互いの最適解をすり合わせる前に、ぜひ作ってほしいのが「自分自身の取り扱い説明書」。自分は何をされるとうれしくて、どんなことをされると嫌なのか、自分はどういう人間なのかということを、明確にしておきましょう。

そして、パートナーの取扱説明書と照らし合わせて、お互いに伝え合っておくことがとても大事になります。

人それぞれ最適解が違って当たり前ですから、相手を否定せず、すべて認めることが大前提。**理想的なパートナーシップとは、2人にとっての理想の状態をすり合わせていけることです。**

たとえば朝食について、彼は和食派で、あなたは洋食派かもしれません。一緒に暮らすなら、自分の朝食はそれぞれ用意してもいいし、作りたい時だけ相手の分も作ることにしてもいいでしょう。

また、1人の時間がないと息が詰まってしまう人なら、時々は1人で旅行をさせてほしいということを伝えたりしてもいいでしょう。

どちらかが我慢して、相手のいうことを聞くのではなく、とにかく認め合ってすり合わせることで理想のパートナーシップは築かれていくのです。

これらのすり合わせ作業は、できるならパートナーシップを築く最初に、伝えておくとスムーズですが、途中で気づいたとしたら、我慢せず伝えていきましょう。

自分に嘘はつかない

自分自身の取り扱い説明書を作る時は、自分に嘘をつかないことが鉄則です。自分を偽《いつわ》りながら我慢して恋愛をすると、必ずどこかで破綻するからです。

たとえば、私の場合は物を片づけることが苦手です。「散らかってる」「汚い」といわれることが、とてもストレスです。なので、パートナーはもちろん、仕事で深くつき合う人にも、片づけられないことにはいっさい触れないでほしいこと、もしそれが気になるなら私のそばにいないほうがいい、ということを伝えています。ただし、相手が片づけてくれることは大歓迎なので、部屋をきれいにしてくれたりしたら大喜びをします。

中には、人に片づけられると自分が責められている気がして嫌だという人もいるかもしれません。そうしたことも含めて、「私とはこういう人間です」という、偽らない自分を相手に伝えてください。

また、私は彼とはいつも連絡を取り合っていたいタイプ。3日も連絡がない状態は好きではないので、受け入れてもらえるかどうかは別として、1日1回でも「おはよう」「おやすみ」の連絡はほしいということを伝えます。

とにかく、自分がつらくなる形でつながらないことです。

たとえば、本当は料理や家事が苦手なのに、つき合いたての頃に彼に好かれようとして、「料理、けっこう得意なの」「家事は好きなほうだよ」など、いい女を装ったりしていませんか？

それを聞いた男性は、料理や家事が好きな彼女に家のことは任せたほうがいいと思い、関わらなくなっていくでしょう。女性はそれが苦痛になり、「なんで家のことをやってくれないの？」と不満をまき散らすようになってしまうのです。

自分を偽ったために望まない結果になることも多いので、自分の取り扱い説明書を明確にしておきましょう。

１００人いたら１００人の「ひとりひと宇宙」があるのです。だからこそ、社会の固定概念にまどわされず、自分の「ひとりひと宇宙」に気づいていく。そうすることで、わかり合えるパートナーと巡り合えるというのも、「ＬＯＶＥエネルギー論」の素晴らしいところです。

男性の言葉は、副音声で聞く

男性から否定的なことをいわれると喧嘩になったり、冷戦がはじまったりするパターンに陥りがちですが、私は、「女性がイラつくような男性の言葉は99％信じるな」と伝えています。というのは、その裏に男性の本音があるからです。

私はそれを「男の副音声」と呼んでいます。

ある受講生は、外出することに否定的な旦那さんに嫌気がさしていました。どこかに出かけようとすると、「誰と行くの？」「遅くならないで」と監視するようなことばかりいってくるそうです。

私は彼女に、「旦那さんのことをどう思ってるの？」と聞いてみました。

彼女の答えは「門番で、越えるべき壁」。つまり、旦那さんは門番のように自分を監視する人で、旦那さんという壁を越えないと自分は自由になれない、と思い込んでいました。

でも、その前提で彼と関わっている限り、彼との関係性を変えることはできないので、もし、彼が愛してくれているならその愛をどう受け取ればいいか、男性の本心を見ることを伝えました。

男性の本質が女性の欲求を叶えたいのであれば、口でいっている言葉の裏側には、本当の想いがあるはずだからです。

そこで、旦那さんはどんな気持ちで彼女にその言葉を発したのか、解釈を入れ替える作業をしてもらったところ、「実は彼は私のことが好きだから、心配していってくれていたんだ」ということが腹落ちしたのです。

すると、旦那さんの態度が変わりはじめ、彼女が行きたいところに快く送り出してくれるようになり、その場所まで送迎までしてくれることも。２人の関係性は回復し、今では彼女のやりたいことを応援してくれるようになったそうです。

こんなふうに、男性の否定的な言葉を副音声で聞けるようになると、関係性はよくなります。

たとえば、会社から帰ってきた男性がぶっきらぼうに「疲れたから、早くご飯作って！」といってきたとしたら、その副音声は「君のために頑張って働いてきたから、僕を褒めてほしいな」です。お腹は空いているかもしれませんが、早くご飯を作れ、といっているわけではなくて、「褒めてほしい」。これが本音です。

ほかにも、「俺は、○○が得意だから」とマウントを取るような発言も、実は「すごいね、って褒めてほしい」というアピールです。

受講生の中には私の話をするたび旦那さんが不機嫌になり「そんなに久美子、久美子っていうなら、久美子さんと結婚すればいい」といわれたそうですが（笑）、それも「僕のほうに注目してほしい」が本音です。

男性ってかわいい生き物なのです。

副音声を知ることで男性が愛おしくなりますよ。

メロメロワーク

男女のエネルギー交換を実際にやってみよう！

①　受け取り力を磨くワーク

男性が、エンジンを回して願いを叶えてあげたいと思う女性になるためには、男性が与えてくれたことを喜んで受け取る「受け取り力」を磨くことです。

慣れるまでは照れてしまうかもしれませんが、与えてもらった時に喜びを表現する練習をしてみましょう。

どう表現すればいいのかわからないという方は、**「ありがとう」「すごい」「うれしい」「やったー」「天才！」「さすが」「幸せ」「かっこいい」**、まずはこの８つのワードをマスターしてください。

男性は素直なので、喜んで受け取ってもらえた分、もっと与えたくなるのです。

女性は喜んで受け取るだけでいい。本当にそれだけで、パートナーシップはうまくいくようになりますから、ぜひ体感してみてくださいね。

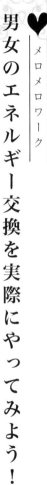

② 男性にリクエストするワーク

実際に男性にリクエストしてみましょう。

ここで大切なのは、うれしい、感謝する、ねぎらうという「喜びのエネルギー」でリクエストすること。

指示出しは、上司から指示されているのと同じです。男性が求めているのは喜ばれたり、感謝されたりすること。リクエストが上手にできるようになると、男女のエネルギーが循環しはじめます。

（例）

×「あのお店のプリン、買ってきて！」

◯「あのお店のプリン、買ってきてくれたらうれしいな」

×「部屋の掃除しといて」

◯「お部屋の掃除してくれたら、めっちゃ幸せ♡」

×「今日、帰り遅いからご飯作っといて」
○「今日、帰り遅くなるからご飯作っておいてもらえたら、すっごく助かる！」

③　愛されていることを実感するワーク

ここでは、144ページでお伝えした「男の副音声」を聞き取る練習をしてみましょう。パートナーとの間でいい争いになり、拗ねたり、怒ったりした時は、こう自分に問いかけてみてください。

「もし、確実に彼に愛されているとしたら、私は相手にどう伝えるだろうか？」


(例)

「そんなに私のことを心配してくれて、ありがとう」

「それほど思ってくれているなんて、うれしいよ」など。

ここで出た答えを彼に伝えてみましょう。それに対して彼はどう反応しましたか？

今までと違う彼の反応を感じることで、愛されていたことに気づけるようになっていきます。

第5章

「何者でもない私」の喜びを感じて生きる

パートナーとの「望む体験」を明確にする

ここからは、「メロメロ理論8」の「理想の王子様を召喚する」方法について、詳しくお伝えします。

なぜ私たちは理想の相手と出会いたいのかというと、「理想の体験をしたいから」です。つまり、**理想の相手とは、自分の望む体験を共有できる相手ということ。**

そこで、「メロメロ理論8」でもお伝えしたように、自分の望む体験を明確にすることが重要になってくるのですが、ここで役立つのが、うまくいかなかった過去の恋愛や結婚体験。不快な経験から自分が望まないものがわかり、反対にどういう状態なら楽しくて望む体験なのかを知ることができるからです。

たとえば、浮気をする人は嫌、お金づかいが荒い人は嫌、気持ちをわかってくれない人は嫌など、いろいろな嫌が出てきたら、嫌で終わらせるのではなく、今までの望まない恋愛の中で、あなたはパートナーにどう扱われたかったのか、どういう過ごし方をしたかったのかなど、自分がパートナーに何を求め、どういう状態なら心地いいか、ということを細かく見ることがポイントです。

恋愛における望まない体験は、たった1人の運命の王子様と出会わせてくれる鍵であり、望まない恋愛のお相手は、自分にとって100点満点の王子様に出会うためのエキストラなのです。

望まない体験を嫌な出来事として終わらせるのではなく、そこと向き合うことで、理想の王子様と出会えるようになるのです。

「望まない体験」にはＮＯと伝える

望まない体験を見直すことで望む体験を知ることができるとお伝えしましたが、見直しても望まない体験を繰り返してしまう、という人もいます。

それは、「望まない体験をする私」を自分に許しているからです。たとえば、デートの約束をして待ち合わせ場所で待っていたのに相手が来なかった場合、「私って、大切にされない存在なんだ」と思ってしまうかもしれませんね。

でも、大切にされたいと思うなら、「大切にされない体験は受け入れない」と決めることが大切です。

望まない体験を受け入れてしまう人は、彼に嫌われたくないので、不満があってもニコニコして、約束を破った彼を許してしまいます。なので、彼は「この子は、適当に扱っていいんだ」と思ってしまうのです。

でも、望まない体験を受け入れない人は、「この前のデート、すごく楽しみにしていたのに、約束を守ってもらえなくてすごく悲しかった。今後、こういうことは絶対にしてほしくない」と、嫌なことをちゃんと伝えます。

すると、彼は、「この子はちゃんと自己表現する子なんだな。適当に扱ってはいけない」と思うので、彼女を大切に扱うようになるのです。

ここで大事なのは、彼に自分を雑に扱う行動を二度とさせないということ。

「悲しかった」と自分の気持ちを伝えたにもかかわらず、再び、約束を破るような男を受け入れてしまうと、男性はあなたをどんどん雑に扱うようになりますから、受け入れない、という態度を取ることが大切です。

よく、彼の浮気癖に悩んでいる女性もいますが、それは彼に「浮気をされた」のではなく、「浮気をする男性を受け入れている」のですね。

嫌だという気持ちを伝えても聞く耳を持ってくれない相手なら、私は基本別れたほうがいいと思います。魂のパートナーは、女性が嫌なことは時間がかかっても改善しようと努力してくれる相手だからです。

男性に嫌なことをされた、と思わずに、自分がそれを男性にさせていることに気づいてください。

そして、相手が口だけでなく、行動をともなって、自分との関係を大切にしているかどうかを見てください。

恋愛の邪魔になるハイスペック願望

理想の王子様に出会うためにとても大切なことがあります。それは、**スペックで選ばないということ。**

先ほどから「望む体験」「望まない体験」を明確にすることが大切とお伝えしているように、**エネルギーを循環させて幸せを感じる恋愛、結婚を叶えたいなら「スペック（条件）」ではなく、「体験」にフォーカスすることがポイントです。**

高収入、高学歴、高身長などまだまだハイスペック男子とつき合いたい、結婚したいと考えている女性も多いのですが、宇宙は常に幸福で豊かで至福の「体験」をプレゼントしたいと思って、無限のルートを開いてエネルギーを注いでくれています。

それなのに、宇宙エネルギーとは結びつかない他者からの評価であるスペックに気をとられてしまうと、宇宙エネルギーを使って最高のパートナーを召喚することができなくなってしまうのです。

実際、「お金持ちの人がいい」と望んだとしても、高収入の男性が自分にお金を使ってうれしい体験をさせてくれるかどうかはわかりませんし、高学歴で大企業に勤めていても、その会社が倒産して望まない体験をしてしまうかもしれませんよね。

大事なのは、スペックよりもその人の中身。その人の中身は変わらないものですが、それ以外は全部変わるもの。だから、相手の鎧《よろい》や武器であるスペックは外して、変わらない中身の部分を見るのです。

スペックという思考的判断をどれだけ捨てられるかが、運命の人と出会える一番の鍵となります。

その望む体験は、本当に望んでいますか？

スペックを外して、パートナーシップで望む体験を見直したつもりでも、その望む体験は外側の目を気にしたものだったりすることもあります。

たとえば、パートナーと結婚して大きな家に住みたい、という夢を持っている女性の話をよく聞きますが、それは本当にあなたの望む体験でしょうか？

本当は、家にこだわるよりも彼と世界中を旅して刺激的な経験をしてみたい、と思っていたり、使いやすいキッチンがあれば家の広さは関係ない、と思っていたりしませんか？

また、友達が彼から誕生日にハイブランドのバッグをプレゼントしてもらったという話を聞いて「私も誕生日に、ハイブランドのものをプレゼントしてほしい」と彼におねだりする女性もいますが、それは本当にほしいものでしょうか？

ブランド品を集めることが最高に幸せな気分になるならいいのですが、そうでなければ、彼が心のこもったバースデイパーティーを用意してくれて、心満たされる誕生日を送るほうが幸せではないでしょうか？

本当に望む体験の場合は、思い浮かべるだけで幸せで、ウキウキする楽しい感覚を体感できるものです。そうでなければ、一般的な幸せが自分の幸せだと思い込んでいるなど、誰かに評価されるための理想です。

何度も繰り返しますが、宇宙はあなたにとって幸福で豊かで至福な現実しか送りません。自分が体験したい未来ではなく、常識的価値観やステイタスなど外側の目を採用していると、その望みは残念ながら叶わないのです。

本当に自分が望む体験とは何か、よく考えましょう。

それを自覚すると、宇宙には抵抗がないので、あなたが望む体験をとても早く現実化してくれるようになるのです。

女性は快を伝え、男性から快を受け取り喜ぶ

最後は、「メロメロ理論9」のエネルギーが回るセックスについて、詳しく見ていきましょう。

パートナーがいる方にお聞きします。

彼のセックスはひとりよがりですか？　それとも、あなたにいろいろ聞いてくれますか？

男性性と女性性のエネルギーバランスがいい男性は、女性が感じているかどうかを常に確認してくれます。行為の最中に痛みを感じていないか、どこが気持ちいいかなどを確認しながら、進めてくれるものです。

今はインターネットの影響でいくらでも情報を得られる社会になり、特に男性はこうふるまうべきというAV的なやり方の正解が頭に入っていますが、本来、男性が女性の反応を見て、喜びを与えていくというのがピュアなセックスです。

女性の体は一人ひとり違う宇宙エネルギーを持っているので、同じ行為でも感じる女性もいれば、感じない女性がいて当然なのです。

だからこそ、男性がアプローチをしてきた時に、感じていないのに感じたフリをすると、エネルギー循環は止まってしまいます。

女性はセックスを通じて、本当に自分が気持ちいい時に気持ちいいことを表現するのが大切であり、男性はその気持ちいいところを探り当てるまで女性に寄り添い続けることが大切です。

よく体の相性がいい人、悪い人がいるといわれますが、体の相性は変わります。相性がよくなるポイントは、**女性は自分が感じているか、そうでないかを相手に伝えられるかどうか、男性はその女性のリクエストを叶えようと思えるかどうか。**

とはいえ、日常生活で心地よさや不快感を男性に伝えることができない女性が、セックスの時に気持ちよさや不快感を相手に伝えるのはかなりハードルが高いもの。

ですので、まずは不快な時は相手に合わせない、つまり気持ちよくないのに気持ちいいフリはしないこと。そして、気持ちいいポイントが一瞬でもあったなら、大袈裟にそこが気持ちいいと表現する努力、つまり「相手にこうしてもらおう」ではなく、「受け取る」というスタンスを見せると、男性はここが喜ぶポイントなんだ、と思って応えてくれるようになります。

ただし、伝え方は気をつけること。知識欲が旺盛な女性ほど、彼とのセックスをよりよくしようとして「今のは好きじゃない」「気持ちよくないから、もっとこうがいい」などダイレクトに伝えがちですが、男性はナイーブです。直球で嫌だといわれると、自分のやったことが否定されたように感じて、自信を失ってしまうこともあります。

男性は「俺が喜ばせている」というものを感じたいのです。正解はほしいけれど、正解を教えてもらいたくない、自分で見つけたいのが男性。

もちろん生理的に受けつけないこと、不快なことを強要された場合はノーといっていいのですが、してほしいことがあれば、自然に誘導して、与えてくれたものを受け取って大袈裟に喜ぶ、それだけでいいのです。

「何者でもない私」と「何者でもないあなた」が交わる時間を楽しむ

私たちの中には、「役割を演じている私」と「何者でもない私」の両方が存在しています。人形でたとえると、服を着た状態が「役割を演じている私」で、人形本体が「何者でもない私」。

私たちは人と接している時、ほとんど何らかの「役割」を背負っているので、「何者でもない私」はあまり現れません。けれども、セックスの時に女性は感じること、男性は与えることだけを純粋にエネルギー交換しようとお互いがゴール設定していれば、純粋な「何者でもない私」が現れます。

つまり、**無意識に、「何者でもない私」と「何者でもないあなた」が交わるのが、究極のセックスという行為**。

「何者でもない私」と「何者でもないあなた」がエネルギーを循環させていくと、意識的に女性がガソリンを注ぎ、男性がエンジンを回す必要はなくなります。もう意識せずとも、無意識にそれができるようになっているからです。

こうして、男性が女性の感じることに寄り添い、女性がそれを受け取り喜ぶことを繰り返していくと、男性は女性に奉仕しながらも、女性が感じることで自分が感じるようになってきます。

女性が満たされて快がマックスになってくると、男性にも喜んでほしいな、という衝動が湧き起こります。この時、女性がはじめて男性に「与える」ことが起こります。気持ちよさを感じていないのに、男性を喜ばせるための行動はＮＧですが、自分の気持ちよさに基づいて男性に喜んでもらおうとすると、女性は自分がしているのに、自分がどんどん気持ちよくなる感覚になるのです。

不思議なのですが、ここまでくると、**自分と相手の境界線がなくなります。「与える」と「与えられる」という境目が消えるのです。**

そうして２人がとけ合っていくと、自然と相手は自分がしてほしいことを与えてくれるようになるので、彼は本当に彼なのか、それとも自分なのかがわからなくなってくる、という感覚に陥ります。

２人の境目がなくなり、お互いが満足で終わるのが理想のセックスです。

セックスの行為中は、女性は女性性に振り切って感じることに集中しましょう。目の前の男性に自分が感じている五感情報をすべて明け渡していくことで、「何者でもない私」でいられるようになります。

この状態になると、体の感度も鋭くなるので、今まで受けていた同じ刺激もまったく違う感度として受け取れるようになるでしょう。こうして体の相性は育っていくのです。

ですので、最初から女性は男性に奉仕しないこと。不快なことを強要されたら受け入れないということ。

女性は自分の気持ちよさにフォーカスしていくことで、自分の本質につながるセックスが可能になるのです。

自分で自分の気持ちよさを見つける

気持ちよさを相手に与えてもらいたいと思っても、自分は何が気持ちいいのか、どこが感じるのかがわからないと、相手にリクエストできませんね。

そんな時は、ひとりエッチで、自分で自分の気持ちいいところを見つけ、自分は快感を与えられていいことを許可していきましょう。

本当は自分で自分に快感を与えることと、相手に快感を与えてもらうことに差はありません。

たとえば、ひと昔前は男が稼ぎ女は家で家事や子育てという固定概念がありましたが、女性が稼ぐ時代になった今、家庭を運営していくには男が稼ごうが、女が稼ごうがどちらでもいいわけです。

セックスもそれと同じで、気持ちよさは男性から与えてもらわなければいけないわけではありません。

実際、体にしてみれば誰から与えてもらったかは関係ありません。それなのに、快感は男から与えてもらうものだと思っているのはただの観念。自分と他人に境界線があると思っているのは、私たちの意識のなせる業です。

自分で自分に与えて感じる心地よさと、彼に与えてもらって感じる心地よさ、そこに優劣はないのです。

与えているのが自分なのか、彼なのかというだけで、感じている内側からしてみればどちらでも同じなのです。

セックスは、この自他の意識をどこまで外せるかが重要。「何者でもない私」が感じていることにどれだけ没頭できるかが鍵になるからです。

ひとりエッチをするなんて虚《むな》しいと思うなら、それもいらない観念です。ひとりエッチで自分に気持ちよさを与えるのを許すことで、「今ここで感じること」を受け入れられるようになり、何者でもない自分がしてほしいことを、男性にリクエストできるようになるのです。

セックスレスを招く、思考でするセックス

結婚してしばらくたつと、セックスレスになるご夫婦も多いと思います。**日常生活で男女のエネルギー交換がうまくいっていないご夫婦はセックスレスになりがちですが、中でも女性が思考でセックスをすると、男性は萎《な》えていきます。**

たとえば、子どもがほしくて妊活をしている場合、「今日は排卵日だから、夜お願いね」という会話。この時点ですでに思考が入っていることはおわかりでしょうか？

男性は、女性性エネルギーを女性からもらうことでエネルギーを循環させますが、中でもセックスで受け取る女性性エネルギーは、男性にとってとてつもなく大きいものなのです。ですから、子どものことは忘れて、何者でもない２人が与え、受け取る時間により満たされていくものです。

それなのに、「子どもを産むために」おこなうセックスは、男性にとって「作業」になってしまいます。作業のために行うセックスは男性にとって不快なので、セック

スしたくなるのです。

また、「どれくらい愛されているか」をセックスではかる女性も思考でセックスをしています。相手が自分とのセックスによって満足できるかどうか、それによって女性としての価値が決まると思っているので、彼が射精までいくかどうかが気になります。

でも、男性もその日のコンディションによって、勃起力も違います。最後までいくには体力が必要なので、ただ肌と肌が触れているだけでいい日もあるのです。

それも全部含めて、２人で楽しい時間を過ごすことがセックスです。

けれど、言葉には出さずとも「なんで今日は勃《た》たないの？」など女性が不満気になると、男性は自信を失ってしまいます。そもそも勃たないことで一番凹んでいるのは男性です。

人は何者でもない自分のすべてを許されたいのですが、「勃たないとダメ」「最後までいかないとダメ」となると、男性は一気に気持ちが冷めてしまいます。セックスという行為はしていても、男性が受け取るものは「評価」という男性性エネルギーなので、苦しくなってしまうのです。

そもそも男性がしたいタイミングと女性がしたいタイミングがズレることもあって当然。したいといって断られたことが原因でセックスレスになるカップルもいますが、誰もがそれぞれ自分のペースで生きていますし、コンディションも毎日違います。

そうしたことは、日々のコミュニケーションがうまくいっていれば、問題なく伝え合えるはずです。それくらい、日々のコミュニケーションとセックスはつながっているのです。

セックスが大好きな女性は、「何者でもない私」でいられる人

中には純粋にセックスが大好きで、そういう雰囲気になったら自分から誘う女性もいます。

世間的にはいい印象を持たれないかもしれませんが、この女性はエネルギー的にいうとなんの問題もありません。

なぜなら、たとえば、走っている時の心地よさを忘れられず、暇があったらランニングばかりしている人と同じことだからです。

ずっと走っている人は健全で、セックスばかりしていたら危ない人のように聞こえるかもしれませんが、エネルギー的にフラットな視点で見ると、そこにいい悪いはないのです。

もちろん、妊娠や感染症のリスクはあるので、そこは考える必要はありますが、エネルギー循環でいえば、そういう人がいてもおかしくはありません。

甘いものが大好きな人は、スイーツを見ると買わずにはいられないように、セックスも「嗜好品」のようなもの。いろいろな男性とセックスすることへの罪悪感がないということは、そこにいい・悪いの観念がないので、「何者でもない私」でいる率が突出して高い女性ともいえるのです。

ちなみに、人肌恋しくてセックスをしてしまう人は要注意！　男性から求められることで、「私は役に立っている。生きていていいんだ」と、満たされない自分の穴を埋めている人もいます。

自分の穴を男の人で埋めることはできませんから、自分で自分を満たすことに集中してください。

セックスに興味がなくても問題なし！

一方でセックスに興味がなく、それよりも仕事をしたり、仲間と楽しく飲んでいたりするほうが幸せ、という方もいらっしゃいます。

それはそれでオッケーです。セックスの役割は、先ほどもお伝えしたように、「何者でもない私」と「何者でもないあなた」が交わることでのエネルギー交換。

日常から自分の心地よさや不快感に基づいて行動している人は、そもそも「何者でもない私」を開いて生きているので、受け取りたいものを受け取って、日常から喜びや幸せを感じています。

たとえば、自分の「好き」を表現しながら本当にやりたい仕事をして、社会と関わる中でそれを叶えながら喜びを感じられるなら、何がなんでもセックスじゃないといけないわけではないのです。

エネルギー的にいえば、ほしいエネルギーはちゃんと受け取っています。

ただし、自分の心地よさや喜び、不快感などを表現せずに、セックスに興味がないと思っているなら、まずは自分の男性性と女性性のエネルギーバランスを見直すところからはじめてください。

「何者でもない自分」の時間を増やすことで、パートナーシップへの考え方が変わっていくと思います。

魂のパートナーを召喚する

メロメロワーク

① 理想の恋愛を知るワーク

理想のパートナー、理想の恋愛とはどんなイメージですか？　まっさらな気持ちでできる限り書き出してみましょう。

② スペックチェックワーク

①で書き出したものを見てください。そこに、お金持ち、高身長、かっこいい、高学歴、一流企業勤務、年収８桁以上、広い家に住んでいる、高級車に乗っている、海外に別荘を持っているなど、ハイスペックの男性や贅沢《ぜいたく》ができる恋愛・結婚が理想になっていませんか？

スペックは男女のエネルギー循環とは結びつかないので、ハイスペックを求めていると、魂のパートナーを召喚することは難しくなります。

スペック重視になっていないかどうかを確認して、体験ベースの理想をリストアップしましょう。

③　体験したい望みを明確にするワーク

あなたの望む体験がクリアになればなるほどあなたが望んだ通りの完璧な男性が現れます。あなたは、パートナーとどんな体験を望みますか？　書き出してみましょう。望む体験がわからないなら、過去の望まない恋愛体験からひもといてみましょう。人生の中で望まなかった恋愛を反転させると、望む恋愛が見えてきます。

（例）

望まない体験

一緒にサーフィンをしたかったけど、サーフィンをしてくれず寂しかった。

↓

望む体験

一緒にサーフィンを楽しみたい。

望まない体験

いつも仕事が最優先で、デートをキャンセルされることも多く悲しかった。

←

望む体験

仕事も一生懸命だけど、デートも楽しみにしてくれる人。2人でいる時は楽しくリラックスしたい。

おわりに

男性性と女性性のエネルギー循環について、イメージができたでしょうか？

こじらせ女子だった私が、この「ＬＯＶＥエネルギー論」にたどり着いたことで激変したことは、圧倒的に生きやすくなったということです。

それまでの私は、女は損な生き物で生まれ変わったら男がいいと思っていました。しかし、自分の中の男性性エネルギーと女性性エネルギーに気づき、自分とのパートナーシップが現実世界のパートナーを創造すると理解した時、世の中の男性はただただヒーローになりたいだけで、心から愛おしいと思えるようになったのです。

生きづらい世界を作っているのは、自分とのパートナーシップに原因があります。自分の声を聞かず、社会や常識など外側の声を聞いてしまうと、「もっと女性らしくしたほうがいいのかな」「男性は知的な女性を好むのかな」など、他人と自分を比べて何者かになろうとしがちです。

しかし、あなたはあなたのままで幸せになれるし、それを与えてくれる男性がこの地球上に必ずいます。

何者かになって愛されようとしているならば、今すぐそれを手放しましょう。どうやったらいいパートナーに出会えるかよりも、どうやって自分といいパートナーシップを築くか、ということにこの1冊を通して気づいていただけたらうれしいです。


本書で紹介した「メロメロ理論」を実践していただくと、自分のエネルギーが変わるので、外側の世界から今までに体験したことのない扱われ方をするでしょう。パートナーからはもちろん、父親、息子、そして、周りの男性から大切に扱われるという現実が現れます。

男子生徒がとても優しくなったという学校の先生、男性の店員さんから声をかけられるようになった方、ウォーキングをしていたら男性から挨拶されるようになった方など、報告は多数。私も1人で新幹線に乗ると、知らない男性が私の重い荷物を荷棚に上げてくれたり下ろしてくれたりと、手伝ってくれるようになりました。

優しく大切に扱われる経験をたくさんしていただくことで、「LOVEエネルギー論」を体感していただけたらと思います。

最後に、本書を作るにあたって、メロメロアカデミー生さんにたくさんの取材協力をいただきました。本当にありがとうございます。

また、この本の出版に関わってくださったみなさま、そして、本書をお読みいただいたみなさんに、心より感謝申し上げます。

吉良久美子

吉良久美子《きらくみこ》

ライフスタイルアーティスト。工場勤務をする月収10万円のフリーターから31歳で起業。自宅サロンを経営する際に、目に見えない世界が現実世界に影響を及ぼしていることに気づき、宇宙の法則や潜在意識などの実験・検証を重ね、独自の「エネルギー論」を確立。苦手意識を克服しないまま年商1億円を達成し、株式会社ZUlaboを設立する。「ありのままの自分でうまくいく」ことを伝えるため、日本各地で、講演、セミナー、セッション、コンサルティング活動を展開。オンラインサロン「Life style universe」には800名超が参加し、遊びと仕事の境目なく自由に生きる女性を多数輩出している。男の子2人のママ。

おもな著書に『エネルギー論』『マネー・エネルギー論』(ともに廣済堂出版)がある。

★オフィシャルブログ　https://ameblo.jp/habatakuhane/
★オンラインサロン「Life style universe」
https://community-camp-fire.jp/projects/view/268528

オンライン秘書ゆきよ
Rin
いずみ
高田安希子
まぁる
桜沢幸衛門
峯三紀子
Kana Okazaki*
ますみん
山田久美子
坂本雅枝
岡村なつき
坪井綾香
桝本奈々
Emi_freesia
印部有紀
楠島麻南
花田まり子
なのすぴ
いのちえ
野澤恭子
ふわゆめ
メリーひろえ
合田美佐代
ハタアサミ
パン田ぱんだ
Aiko
ちろる
徳橋美歩
大澤絵美
大野ナデシコ
甲田佳奈
まゆろん
高柳友理子
大薮泉
NAO
瀧紗代
豊島一実
くろこうちかずみ
cHIWAwa ♡ Hiyori
すみれ
MiMi
友花
おがわみほこ
Masako Kanai
サオ♡（高橋さおり）
星ゆか
TAKAちゃん
佐藤敦子
(りんご) りあ (あっぷる)
Harue
宮原愛子
馬込朋美
神園めぐみ
Marika
☆ mariko ☆
古賀のぶえ
羽亜
行本順子
月癒堂 SUPI
藤巻尚巳

Special thanks

成瀬咲良
秘書 midori
はる公
ホイミ
丸山春美
瀬古亜矢子
永吉真由美
森永智登美
目黒実亜
シャイニー キャロライン
奥部美恵子
田中アサ眞
にゃこ姉
まこっちゃん（群馬）
KHiromi
吉村ゆき
まじょ☆ねね
☆だいちょん☆
大竹沙弥
ミラ☆たかこ
RUMI

ルルポノmiina
平井尚子
三浦由香
和田早織
村松容子
あいはらかずえ
銘苅ひと美
MIKIKO
ウサマオ
吉田理恵
あっきー
maki ♡ kurumu
岡田琴
JUNKO.H
高野なお
高尾希世美
お～しゃん♡
渡辺三鈴
穴口恵子
ひろせあやこ
Chii

平田裕美子
石川小百合
村上美香
蓮華ヒロミ
カナエ
九星氣学鑑定士♡ tamao
玉井みひろ
天野いくえ
Nanami
YUMA
mii ミイ
Tetsuko
濱野博子
ICアカデミー 岩本なつき
とよみん
スマイル
内田紀子（のりっぺ）
中山洋子
佐藤あつこ
椎名美幸
愛素美行

カバー絵：吉良久美子
本文イラスト：桃色ポワソン
DTP：ツカダデザイン
編集協力：RIKA（チア・アップ）
編集担当：真野はるみ（廣済堂出版）

ＬＯＶＥエネルギー論

2024年12月24日　第1版第1刷

著　者　吉良久美子
発行者　伊藤岳人
発行所　株式会社 廣済堂出版
〒101-0052　東京都千代田区神田小川町2-3-13　M&Cビル7F
電話　03-6703-0964（編集）
03-6703-0962（販売）
Fax　03-6703-0963（販売）
振替　00180-0-164137
URL　https://www.kosaido-pub.co.jp/
印刷・製本　株式会社暁印刷

ISBN 978-4-331-52423-7 C0095